Frauenpersönlichkeiten der Weimarer Klassik

Stadtrundgänge WEIMAR WEIBLICH
Heft 1

Der Umgang hier scheint mir sehr angenehm und gar nicht kostspielig

Frauenpersönlichkeiten der Weimarer Klassik

Herausgegeben von Ulrike Müller
in Zusammenarbeit mit der
Landeszentrale für politische Bildung
Thüringen

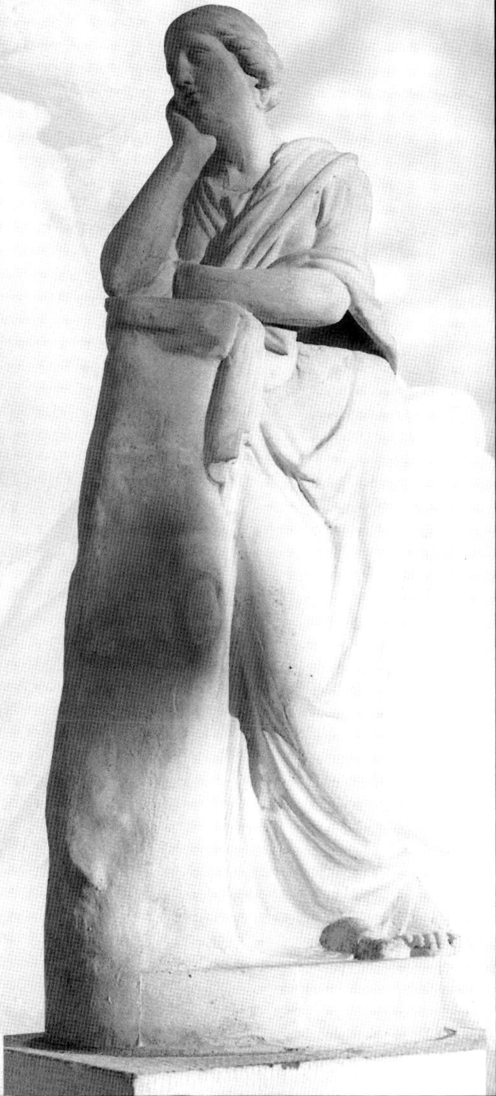

VDG

Stadtrundgänge WEIMAR WEIBLICH, Heft 1

Impressum

2. verb. Auflage 1998

Projektkoordination: Ulrike Müller, Eva Müller
Redaktion: Ulrike Müller, Renate Ragwitz
Gestaltung: Katharina Hertel
Fotos: Ulrike Müller
Druck: Weimardruck

ISBN 3-89739-064-7

Beiträge von
Renate Ragwitz · Ulrike Müller
Christa Schleevoigt
Eva Schwarzenberger

Kulturinitiative
WEIMAR WEIBLICH
des Frauenpolitischen Runden Tisches
der Stadt Weimar

Hier ruhet in Gott
neb. ihrem jüngst. 16 j. Sohn
BERNHARD,
FRAU CAROLINE FALK
Während Gott ihr sieben
Kinder nahm, ward
CHRISTIANE
VON GOETHE
GEB. VULPIUS
Ottilie von Goethe
geborene von Pogwisch
AMALIE RIDEL
geborene Buff aus Wetzlar
geb. d. 10 Juni 1765
gest. d. 9. März
1848
Hier wohnte
Charlotte von Stein
1777–1827.
Wilhelmine
Bachstein
die langjährige
treue Dienerin
der
v. Götheschen
SANFT RUHE SIE
DIE FREUDE UND STÜTZE DER
EINSAMEN TRAUERNDEN MUTTER
NEBEN DEM THEUREN VATER
UND BRUDER
AMALIE RIDEL.
geb: den 1. März 1795.
gest: den 24. Jan. 1841.
VON WEIMAR
VON BRAUNSCHWEIG
geborne
geb: zu Schweighausen in Oberelsass
am 25. Januar 1788.
gest: zu Weimar am 18. December
1844.
Hause verlebte
Goethes Frau Christiane,
geborene Vulpius,
ihre Kindheit.

Inhalt

VORWORT

„WEIMAR WEIBLICH" – eine Stadt gesehen mit weiblichen Augen und beschrieben von Frauen für Frauen und interessierte Männer. Das erste Heft der Reihe „Stadtrundgänge WEIMAR WEIBLICH", mit der Thematik „Frauen der Weimarer Klassik", ist erstellt. Die weiteren Hefte werden mit unterschiedlichen thematischen Akzentuierungen dem 19. und 20. Jahrhundert bis hin zur Gegenwart gewidmet sein.
Dieses erste gemeinsame Vorhaben der Kulturstadtinitiative WEIMAR WEIBLICH des Frauenpolitischen Runden Tisches und der Landeszentrale für politische Bildung in Thüringen dient dazu, in Form von ausgewählten thematischen Stadtrundgängen Frauenorte und Frauenpersönlichkeiten der Weimarer Klassik vorzustellen.
Das Kulturstadt-Ereignis „Weimar 99" bietet den Anlaß für die Veröffentlichung, soll darüber hinaus aber in eine Kontinuität hineinführen, um politisch-kulturelle Bildung auch für Frauen im Kontext der Bewußtmachung und Rezeption einer eigenen Kultur- und Sozialgeschichte von Frauen zu präsentieren.
Frauen unterschiedlicher sozialer und kultureller Herkunft, jüngere und ältere Frauen, Wissenschaftlerinnen und Laiinnen fanden in diesem Projekt durch ihr gemeinsames Interesse an der Geschichte und Gegenwartsbedeutung der ‚Klassikerfrauen' zusammen.
Das Ergebnis zeigt unterschiedliche Schreibweisen, keine künstlerische Einheitlichkeit, aber große Lebendigkeit und jeweilige Identifikation mit dem Inhalt. Ein positiver Nebeneffekt des Projektes ist die intendierte Aktivierung und Forschungstätigkeit der Frauen selbst sowie die Vernetzung und Zusammenarbeit unterschiedlichster Frauen, Frauengruppen und -institutionen.
Die seit Jahren bestehenden und bewährten Arbeitskontakte mit einzelnen Fachfrauen, Frauenprojekten und Fraueneinrichtungen zur Gestaltung eines politischen, kulturellen und pädagogischen Bildungsangebots für Frauen durch die Landeszentrale führten zu einer Kooperation für dieses Projekt.
Durch unser Heft mit seinen ‚Frauenbildern' wird sicherlich auch ein zunehmendes Interesse von auswärtigen Besucherinnen und Besuchern an Weimar und Thüringen zu erwarten sein.

Eva Müller
Landeszentrale für politische Bildung Thüringen

EINLEITUNG

Schon bei ihrem ersten kurzen Besuch in Weimar im Jahr 1787 bemerkte die Gräfin Henriette von Egloffstein – die später noch so viele kluge Beschreibungen über das gesellige Leben in Weimar abgab – einen ungewöhnlichen *„Reichtum an gebildeten, liebenswürdigen und geistreichen Frauen"*, der sie besonders dazu einlud, in der Stadt zu bleiben. Sie blieb, und später blieben auch ihre Töchter. Es wäre interessant zu wissen, ob sich einige der heutigen Besucherinnen noch aus dem gleichen aktuellen Grund dazu entschließen, länger oder auch ganz in Weimar zu bleiben! Das würde die Frauen, die unter entsprechenden Prämissen in Weimar leben und arbeiten, natürlich freuen, wie zum Beispiel die Mitarbeiterinnen des Frauenzentrums Weimar oder uns, die Frauen der Kulturinitiative WEIMAR WEIBLICH. Unser Heft gilt der Anerkennung und Sichtbarmachung politischer, kultureller und sozialer Leistungen von Frauen der Weimarer Klassik unter den Bedingungen ihrer Zeit. In der Fülle der Werke und touristischen Informationen über ‚Goethes Weimar' soll diesen Frauen Raum verschafft werden, um an ihnen als eigenständige Persönlichkeiten und Gestalterinnen der Kulturgeschichte Interesse zu wecken und, ausgehend von ihren einstigen Wirkungsstätten, Besucherinnen und Besucher zu einer weiblichen Spurensuche einzuladen. Uns sind auf dieser Spurensuche ebenso eine Reihe unbekannter oder vergessener Frauennamen begegnet wie neue Sichtweisen auf die bekannten Frauen. Luise von Göchhausen mit ihren „Freundschaftstagen" in der Mansarde des Wittumspalais und Johanna Schopenhauer mit ihren literarischen Teegesellschaften in der Esplanade beispielsweise gehören in die weiblich geprägte Tradition der Geschichte der europäischen Salonkultur und haben außerdem wichtige Beiträge zur Geschichte der Briefliteratur geleistet; Charlotte von Stein entwickelte sich in ihrem Haus an der Ackerwand im fortgeschrittenen Alter von der untadligen Vertreterin aristokratischer Geselligkeit des Ancien Régime zur Komödienautorin, die die klassischen Kunstideale kritisierte. Die Schauspielerin und Sängerin Corona Schröter war zugleich auch eine begabte Malerin und Komponistin. Und im Herderhaus beschränkte sich Caroline Herder nicht nur auf die Position in der zweiten Reihe als Hausfrau, Mutter und ‚unentbehrliche Stütze' ihres Mannes, sondern leistete als Gesprächspartnerin und Beraterin von meist prominenten Freundinnen, Freunden und Bekannten einen originären Beitrag zum gesellschaftlichen Leben der Stadt. Diese Liste ließe sich noch lange fortführen. Uns, die Frauen im heutigen Weimar, hat außerdem die Frage interessiert, wie es den Frauen damals als Politikerinnen, als Künstlerinnen, als soziale und kulturelle Mittlerinnen bei Hof, auf den Bühnen, in den Ehen, Familien, Salons hinsichtlich der Anerkennung und Förderung ihrer Persönlichkeit, ihrer Leistungen und Werke gegangen ist; welchen Blick haben ihre Zeitgenossinnen, welchen Blick haben vor allem sie selbst gehabt auf ihr Leben und ihre Rolle als Frau?

Die Quellen- und Informationslage ist insgesamt sehr unausgewogen, in den Archiven ruht noch Stoff für mehrjährige Forschungsvorhaben. – Neben einigen neueren Beiträgen aus der feministischen Forschung enthalten auch ältere Darstellungen der Sekundärliteratur, insbesondere solche aus dem ersten Drittel dieses Jahrhunderts, wertvolle Verweise und Details, sind aber zugleich augenfällig mit Klischees überfrachtet. So gibt es eine ganze Reihe von Abhandlungen über Charlotte von Kalb, doch ein Großteil davon mußte erst vom ‚Schillerianismus' befreit werden.

Über eine Frau wie Karoline Bertuch hingegen, die Chefin der kleinen Kunstblumenfabrik im Haus am „Fürstlichen Baumgarten", wird schlicht zu wenig berichtet. Entsprechend unterschiedlich fallen denn auch die Beiträge im vorliegenden Heft aus. Das bekannte Forschungsphänomen: je niedriger der soziale Status, desto dürftiger die Auskünfte, hat leider auch hier seine Gültigkeit und verhinderte zum Beispiel einen Beitrag über Caroline Falk, die eine über ihre Rolle als Ehefrau des Sozialreformers Falk hinausgehende Beachtung verdient. Für die Autorinnen hieß es außerdem, im Interesse eines handhabbaren Stadtrundgang-Heftes aus einer Vielzahl von Namen eine Auswahl zu treffen. So blieben etwa die Gräfin Ottilie Henckel von Donnersmarck und die Hofdamen Henriette von Wolfskeel, Marianne von Wedel und Sophie von Schardt ebenso unberücksichtigt wie die Schauspielerin Amalie Wolff-Malconi, die Sängerin Henriette Eberwein, die Schriftstellerinnen Charlotte von Ahlefeld, Amalie Ludecus und Amalie Voigt. Auch auf die zahlreichen Besucherinnen aus dem Ausland, wie zum Beispiel Emily und Eliza Gore, die mehrere Jahre in Weimar lebten und sich in der ‚Salonszene' großer Beliebtheit erfreuten, konnte nicht näher eingegangen werden. Und schließlich mußte auch zwischen Klassik und Nachklassik eine im Zick-Zack-Kurs verlaufende Grenzlinie gezogen werden: So ist die jüngere Künstlerinnengeneration mit Louise Seidler und Angelica Facius aufgrund ihres starken Goethe-Bezuges und auch aufgrund ihrer stilistischen Ausrichtung in diesem Heft vertreten, während Maria Paulowna hier nur ein knapper Text gewidmet ist und ein Beitrag über die Wohltäterin der Stadt, Henriette Riessner, ganz dem nächsten Heft zufällt. Von Frauen der Weimarer Klassik sprechen zu wollen, heißt, den Blick auf drei durchaus unterschiedliche Generationen zu richten, auf eine Großmüttergeneration, verknüpft mit dem Ancien Régime, einem entsprechend höfischen Verhaltenskodex und zugleich mit manch aufklärerischem Antrieb im Denken und Handeln, eine Müttergeneration, versuchsweise freier ihre künstlerische Begabung auslebend, ihre Sehnsüchte, ihren Glücksanspruch und ihre Liebe zu den ‚großen Männern' der Zeit, versehen auch mit Impulsen der französischen Revolution, und eine Generation der hochbegabten, durch klassische Kunstideale, romantische Utopie und die Lebensexperimente ihrer Mütter übersensiblen und frühreifen Töchter, deren Lebenstüchtigkeit außerdem durch die Instabilität der gesellschaftlichen Verhältnisse untergraben wird. Es finden sich beeindruckende Großmutter-Mutter-Tochter-‚Frauendynastien', wie die der von Egloffsteins oder die der Henckel von Donnersmarck-Pogwischs'. In beiden Familien gab es für die erste und zweite Generation erzwungene Heiraten, Verschwendungssucht oder Treulosigkeit von Ehemännern und als Konsequenzen der Töchter: gar nicht oder nur aus Liebe und unter selbstgestellten Bedingungen zu heiraten und die Finanzen selbst in der Hand haben zu wollen. Es soll in der Müttergeneration sogar eine gemeinsam getragene vermögenswirksame Transaktion gegeben haben: den Grundstückserwerb und Bau des „Alexanderhofes", des späteren „Russischen Hofes" zu Beginn des neuen Jahrhunderts. In der Regel allerdings waren für Frauen, und häufig gerade für Angehörige des Adels, die Themen Besitz, Wirtschaft und Finanzen eher ein Alptraum. Charlotte von Kalb und Charlotte von Stein erlebten einen einschneidenden Verarmungsprozeß, der nicht nur dem Krieg geschuldet war, sondern der überkommenen rechtlichen Benachteiligung von Frauen innerhalb des Adels-Systems (Mannlehen) und dem dadurch begünstigten Zugriff von Vormündern, Ehemännern und sonstigen männlichen Angehörigen auf das Vermögen der weiblichen Mitglieder der Familie. Eine erstaunliche Anzahl von Frauen im Umfeld des Hofes in Weimar lebte getrennt, geschieden, verwitwet oder unverheiratet und konnte von Einkünften durch den Hof, am Hofe bestenfalls als Hofdame leben. Der Hof war der größte Arbeitgeber der Stadt. Junge ledige Künstlerinnen wie Julie von Egloffstein oder Angelica Facius waren auf Mäzene angewiesen, ältere, unverheiratet gebliebene auf die Erträge ihrer Arbeit und später auf barmherzig vom Hof ausgesetzte Renten. Corona Schröter lebte im Alter vom Unterrichten, Adele Schopenhauer vom Vermögen ihrer Freundin, Amalie von Imhoff und Johanna Schopenhauer, die Talent und Schreiblust zu schriftstellerischer Arbeit gebracht hatten, benötigten in der zweiten Lebenshälfte ihre Einnahmen als Autorinnen, um sich existentiell über Wasser zu halten. – Bei aller auch für die persönliche Entfaltung der Frauen in seiner Umgebung erdrükkenden Bedeutung des Menschen, Mannes und Künstlers Goethe gebührt ihm eine große Würdigung: die als Förderer weiblicher Talente, als väterlicher Freund, Lehrer und Mäzen begabter Frauen. Er beriet, schrieb, kümmerte sich, verwandte sich immer wieder bei seinem Herzog für finanzielle Unterstützung, Aufträge, Ämter, die jungen Künstlerinnen zugute kamen. – In dieser seiner Eigenschaft wäre er als Vorbild für eine unkonventionellere Weimarer Kulturpolitik durchaus heute noch interessant …

Die strahlende Seite der Förder-Medaille hatte damals allerdings auch mehrere gesellschaftliche Schattenseiten: Frauen waren in Deutschland zu dieser Zeit noch mit sehr viel geringeren Bildungschancen ausgestattet als Männer. Auch adlige Frauen genossen, als Heiratsgut und in Vorbereitung auf die standesgemäßen Repräsentationspflichten, eine eher oberflächliche Kurzausbildung mit hauswirtschaftlichen, musischen, literarischen und religiösen Attitüden, während für ihre Brüder eine umfangreiche Ausbildung, ein Studium und eine Zeit der Welterkundung mit ausgedehnteren Reisen obligatorisch war. Die Freifrau Emilie von Einsiedel produzierte in Weimar im Jahr 1785 einen unübertroffenen Skandal, als sie, noch verheiratet, ihrem zu einer Expedition nach Afrika aufgebrochenen neuen Erwählten heimlich hinterherreiste und den trauernden Angehörigen zur Bestattung ihrer ‚sterblichen Hülle' eine Strohpuppe hinterließ. Selbst noch der weltgewandten Herzogin Anna-Amalia, der das Französische fast geläufiger war als das Deutsche, erschien ihre Italienreise wie das Paradies auf Erden, während die später so fortgeschritten reisefreudige Johanna Schopenhauer als junge Frau in ihrer aufgeklärten Heimatstadt Danzig – um nicht unangenehm aufzufallen – auf das Erlernen weiterer Sprachen verzichtete, weil sie schon das Englische fast ‚zu gut' beherrschte. Charlotte von Stein schließlich beklagte ihr Leben lang ihre mangelnde systematische Bildung und erkannte diesen Mangel scharfsichtig als ein Ergebnis der gesellschaftlichen Benachteiligung von Frauen. Der weibliche Bildungshunger – auch der ihrige – war für die Entfaltung der Salongeselligkeit ein ganz wesentlicher Motor.

Für Männer wie Herder oder Knebel waren die Frauen Garantinnen ihrer Anerkennung und Wertschätzung als Lehrer und boten ihnen im Gespräch ein Ausmaß an Offenheit und Aufmerksamkeit, das ihnen sonst in der Gesellschaft nicht so unangefochten zuteil wurde. Noch anders Schiller und Goethe auf der Höhe ihres Ruhmes als Dichterfürsten: vor dem Hintergrund ihres Frauenbildes, ihres klassischen Kunstideals und ihrer gemeinsam entwickelten ästhetischen Doktrin vom „Dilettantismus der Weiber" erhält ihre ‚aktive Frauenförderung' nachträglich einen deutlichen Beigeschmack der Herablassung, dessen sie sich selbst allerdings kaum bewußt gewesen sein dürften. Die traditionelle Position von Frauen als Spiegel männlichen Genies blieb im Kontext der Weimarer Klassik und auch in deren Rezeption viel unangefochtener als in demjenigen der zeitparallel verlaufenden Jenaer Frühromantik und in deren Rezeption. Es gab in Weimar eine Fülle begabter Frauen mit einer Fülle an Talenten, und sie durften diese entfalten, ja wurden darin gefördert, solange sie sich nicht anmaßten, als Musikerinnen, Malerinnen oder Dichterinnen unter den gleichen Bedingungen wie die Männer öffentliche künstlerische Anerkennung finden zu wollen. Spiel und Begabung, auch Inspiration natürlich, waren zugelassen, professioneller Ernst, Genie und kritischer Geist hingegen überschritten die Grenzen des Statthaften. Da sich die meisten Frauen weder politisch noch als Künstlerinnen in einer ihnen erkennbaren Tradition von Frauen erlebten, fehlte ihnen – von einigen Ausnahmen abgesehen – auch das entsprechende Selbst-Bewußtsein und Selbstwertgefühl. Die Kunstmaßstäbe waren von Männern gemacht, die künstlerischen Ausbildungen an entsprechenden Akademien (für Bildende Kunst z. B. in Dresden und für Musik in Leipzig), standen nur Männern offen; eine der großen Ausnahmen, die Malerin Angelika Kauffmann, entfaltete ihre Wirkung im fernen Rom und nicht in der deutschen Provinz. Sängerinnen und Schauspielerinnen gehörten von jeher einem gesellschaftlichen Zwischenreich an, das eine mögliche Position als Liebhaberin reicher Edelmänner miteinschloß; als Corona Schröter eine solche verweigerte, wurde ihr das als übermäßige Gefühlskälte ausgelegt. Salonieren und Dichterinnen waren als Mittlerinnen moralischer und ästhetischer Erziehung der Menschheit geschätzt, solange sie nicht öffentlich eigene und womöglich abweichende Kunstmaßstäbe vertraten oder gar durch die Qualität ihrer Werke zu Konkurentinnen der Männer wurden; die tragische Geschichte der Sophie Mereau, die infolge der Ehe mit Clemens Brentano ihre schriftstellerische Arbeit aufgab und starb, die kritische Beurteilung Caroline Schlegel-Schellings oder Madame de Staëls in Weimar, mögen hierfür als Beispiel dienen.

In Weimar, der ländlich geprägten Provinzstadt, die von einer genialen und betont antimilitaristisch eingestellten Regentin in der zweiten Hälfte des 18. Jahrhunderts erst in einen Musenhort verwandelt worden ist, ersteht trotz alledem vor unseren Augen eine Bühne, auf der Frauen, unter den gegebenen gesellschaftlichen Bedingungen in Form von handfesten sozialen und rechtlichen Benachteiligungen und Frauenklischees, die ihnen das Leben schwer machen und sie in den Status eines Objektes verweisen wollen, in verschiedenen Positionen tragende Rollen des gesellschaftlichen Lebens in Händen halten. Sie füllen diese gewissenhaft oder reizen sie spielerisch aus, setzen sie zueinander in Beziehung, sie miteinander manchmal auch vertauschend, oder lassen sie gar für Momente fallen – wie unter den schützenden Masken auf den Bällen im Redoutenhaus – weil sie ihnen oder zu ihnen nicht mehr passen, auch: weil das emanzipatorische Denken und Wirken der ihnen vorauseilenden Französinnen doch seine Wirkung tut. Die ‚großen Männer' der Zeit sind aus dem Leben dieser Weimarer Regentinnen, Ehefrauen, Künstlerinnen, Salondamen nicht wegzudenken, und zugleich führen die Frauen, auch in den freundschaftlichen Beziehungen zueinander, ein höchst interessantes weibliches Eigenleben, das sich den bewährten Zuordnungen traditioneller Rezeption entzieht.

Dem einen und dem anderen nach-zugehen im wörtlichen Sinne, dazu möchten wir Sie mit unserem Heft anregen und einladen.

Ulrike Müller
Kulturinitiative WEIMAR WEIBLICH
des Frauenpolitischen Runden Tisches Weimar

1. Rundgang

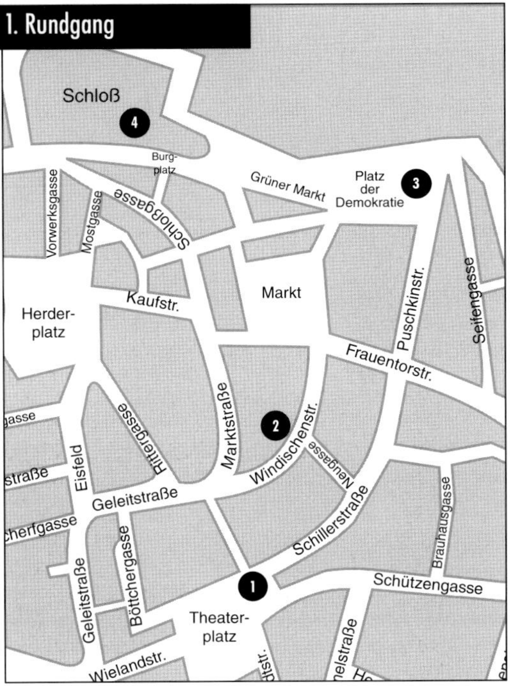

1. **Wittumspalais:** der Musenhof der Weimarer Klassik mit Anna Amalias Tafelrundenzimmer und Luise von Göchhausens Mansarde
2. **Windischenstraße 15:** Wohnsitz der Gräfin Henriette von Egloffstein und ihrer Töchter, den Gräfinnen Julie und Caroline von Egloffstein
3. **Hochschule für Musik „Franz Liszt":** ehem. Fürstenhaus, Wohnsitz der Großherzogin Luise und ihrer Hofdamen
4. **Schloßmuseum:** ehem. Residenzschloß, Regierungssitz der Herzogin Anna Amalia und Regierungssitz der Großherzogin Luise

Ansicht des Fürstenhauses mit Grünem und Rotem Schloß,
Aquarell von D. P. König, undatiert

Wittumspalais, Stich, Eduard Lobe, undatiert

ANNA AMALIA
geborene Prinzessin von Braunschweig-Wolfenbüttel (1739–1807) Herzogin von Sachsen-Weimar-Eisenach

Als die braunschweigische Prinzessin Anna Amalia am 24. März 1756 als Gattin des 18jährigen Herzogs Ernst August II. Constantin (1737–1758) in Weimar eintrifft, ist sie fast noch ein Kind, gerade erst 16 Jahre alt. Über ihre Hochzeit vermerkt Anna Amalia in ihren späteren autobiographischen Aufzeichnungen: *„Man verheirathete mich so wie gewöhniglich man Fürstinnen vermählt."* (1)

Im September 1757 bringt sie ihr erstes Kind zur Welt, den Erbprinzen Carl August. Ihr eheliches Glück ist nur von kurzer Dauer; ihr Mann stirbt 1758. Die Geburt des zweiten Sohnes im September 1758 erlebt er nicht mehr. Die Vormundschaft geht bis 1759 an den Herzog Karl I. von Braunschweig, den Vater Anna Amalias.

Noch im selben Jahr übernimmt Anna Amalia im Alter von 19 Jahren die Regentschaft des Herzogtums Sachsen-Weimar-Eisenach. Der jungen selbstbewußten und ehrgeizigen Frau gelingt es im Laufe der Jahre, das verarmte und heruntergewirtschaftete Herzogtum grundlegend neu zu ordnen und schuldenfrei zu machen. Ausgehend von dem ländlichen Charakter der Stadt beginnt Anna Amalia damit, Weimar ein städtisches Gepräge zu geben. 1771 verfügt sie, daß alle Scheunen innerhalb der Stadt abzureißen sind. Sie setzt Reformen im Sozial- und Bildungswesen durch und läßt Hebammen ausbilden, um die hohe Mütter- und Kindersterblichkeit einzudämmen. Für ihre Persönlichkeit spricht auch, daß sie im Jahre 1770 den Juden Jacob Elkan zum Hofjuden ernennt und ihm *„freye Handlung in dem Fürstenthum Weimar"* gestattet. Der Einzug der Elkans in die Stadt bedeutet den Beginn einer neuen Phase auf wirtschaftlichem und kulturellem Gebiet, denn später folgen noch weitere angesehene jüdische Familien.

Bei allen Amtsgeschäften vergißt die Regentin nicht, sich für die Kunst, die Musik, das Theater und die Malerei einzusetzen und diese als Mäzenin zu fördern. So läßt Anna Amalia 1763 bis 1766 das „Grüne Schloß" zur fürstlichen Bibliothek umbauen und veranlaßt, ihre Privatbibliothek und die Kupferstichsammlung in dieses Gebäude zu überführen. 1768/71 engagiert sie für die Opern- und Theaterbühne in der Wilhelmsburg die Kochsche Schauspieltruppe und ab 1771 die Seylersche Truppe, in der der bedeutendste zeitgenössische Schauspieler, Conrad Ekhof, besonderen Einfluß hat. Zum ersten Mal dürfen die BürgerInnen Weimars dreimal wöchentlich einen Teil der Plätze im Theater einnehmen.

Im Jahre 1772 beruft die regierende Herzoginwitwe den Erfurter Philosophieprofessor Martin Wieland an ihren Hof. Er wird Erzieher des Erbprinzen Carl August und des Prinzen Constantin. Wie klug Anna Amalia entschieden hat, zeigen die folgenden Jahre, denn letztendlich ist es besonders dem Wirken Wielands zu verdanken, daß Goethe, Herder

und Schiller nach Weimar kommen und die Stadt zum Mittelpunkt der deutschen Literatur wird.
Anna Amalias große Leidenschaft ist seit ihrer Kindheit die Musik. Sie spielt Klavier, Harfe, Laute, sie kennt die deutsche und italienische Musik, musiziert mit Freunden und betätigt sich auch als Komponistin. Ihre Kunst geht weit über den vielzitierten „Dilettantismus der Weiber" hinaus, so z. B. mit ihrer Vertonung von Goethes „Erwin und Elmire" und mit ihrer theoretisch-pädagogischen Abhandlung über die Bedeutung von Musik. Sie ist der Meinung, daß durch Musik das entstünde, was man den „Großen Geschmack" nennt, der auf den sittlichen Charakter des Menschen fördernden Einfluß habe. Anna Amalia empfiehlt als erste deutsche Fürstin die Gründung von Musikschulen.
Am 3. September 1775 tritt die Herzogin, erst 36jährig, als Regentin zurück, um dem mündig gewordenen Carl August die Regierungsgeschäfte des Herzogtums Sachsen-Weimar-Eisenach zu übergeben. Ein neuer Lebensabschnitt beginnt für die nun „alte Herzogin" oder auch „Herzoginmutter", wie sie in den kommenden Jahren genannt wird. Anna Amalia findet Zeit, sich ganz ihren künstlerischen und literarischen Interessen zu widmen. Im **Wittumspalais,** wo sie seit dem Schloßbrand 1774 wohnt, aber auch in den Schlössern Ettersburg und Tiefurt gelingt es ihr, Menschen in ihren Bann zu ziehen und geistig und musisch interessierte Frauen und Männer um sich zu scharen. Geist und Talent stehen bei ihr höher als der Rang der Geburt. Zu ihrem Musenhof im Tafelrundenzimmer des Wittumspalais versammeln sich an jedem Montagabend Adlige der Hofgesellschaft, Frauen und Männer aus dem Bürgertum sowie aus Kunst und Wissenschaft zum anregenden Gedankenaustausch. Der literarische Salon wird zur festen Institution Weimars, das Wittumspalais zum Ort vielfältiger Begegnungen mit Dichtung, Kunst und Wissenschaft.
Das kleine ländliche Schlößchen in Tiefurt mit seinem idyllischen Park wird in dieser Zeit ebenfalls zum Schauplatz eines recht ungebundenen Treibens. Hier werden „Iphigenie auf Tauris" und „Die Fischerin" mit Corona Schröter aufgeführt, und hier wird auch das „Journal von Tiefurt" aus der Taufe gehoben. Menschen wie Anna Amalias Hofdame Luise von Göchhausen oder auch Carl Ludwig von Knebel empfinden Tiefurt als ein Refugium gegenüber dem letztlich zur Etikette verpflichtenden Weimarer Hof.
Im Sommer 1788 verwirklicht Anna Amalia endlich ihren langjährigen Traum; sie reist mit Gefolge, Luise von Göchhausen, Herrn von Einsiedel und ihrem Leibarzt, Dr. Huschke, nach Italien. In Rom trifft sie die Malerin Angelika Kauffmann. Beide Frauen – fast gleich alt – verbindet von nun an eine herzliche und andauernde Freundschaft. Anna Amalia bleibt fast zwei Jahre in Italien. Auch Herder kommt nach Rom, und Goethe schließlich holt sie im Juni 1790 in Venedig ab und begleitet sie nach Hause. Ein Jahr später wird von Goethe die Freitagsgesellschaft gegründet, die sich zunächst jeden ersten Freitag im Monat, bald aber in größeren Abständen in seinem Haus oder im Wittumspalais der Herzogin trifft. Ständige Teilnehmer sind

Wieland, Voigt, Bertuch, Herder, Hufeland, Meyer und Kraus. Professoren der benachbarten Jenaer Universität stellen ihre wissenschaftlichen Ergebnisse zur Diskussion, Autoren und Autorinnen lesen aus ihren schriftstellerischen und dichterischen Arbeiten.

Die letzten Jahre des ausgehenden 18. Jahrhunderts bringen für Anna Amalia ruhigere Zeiten, aber auch schwere Schicksalsschläge; ihr Sohn Constantin findet während des Krieges mit Frankreich am 6. September 1793 den Tod. Sie läßt ihm im Tiefurter Park ein Denkmal errichten. Im Jahre 1801 stirbt Anna Amalias Mutter, Herzogin Philippine Charlotte, in Braunschweig. Zwei ihrer Brüder verliert sie 1805 und 1806. Die Herzoginmutter, nun schon eine Frau von 67 Jahren, für damalige Zeiten ein bewundernswertes Alter, begreift die zahlreichen Schicksalsschläge als Härte. Als die kriegerischen Auseinandersetzungen zwischen Preußen und Frankreich 1806 auch Weimar heimsuchen, flieht Anna Amalia am 14. Oktober mit ihren Vertrauten und ihrer Familie. Nur ihre Schwiegertochter, Herzogin Luise, bleibt in Weimar. Nach vierzehn Tagen in die Stadt zurückgekehrt, leidet die frühere Regentin darunter, daß ihr Land von den napoleonischen Truppen verwüstet, ausgeraubt und teilweise zerstört ist. Vor allem aber empfindet sie die Vergeblichkeit ihrer jahrzehntelangen Bemühungen um Frieden, Glück und Wohlergehen von Sachsen-Weimar-Eisenach.

Anfang April 1807 erkrankt Anna Amalia, sie stirbt am 10. April an einem Schlaganfall und wird vier Tage später in der Stadtkirche beigesetzt. Betrauert wird der Tod Anna Amalias von ihrer Familie, dem Hof, der Weimarer Bevölkerung und letztendlich der gesamten gebildeten Welt.

Goethe würdigt Anna Amalia in seiner Gedenkrede 1807: *„Sie gefiel sich im Umgang geistreicher Personen und freute sich, Verhältnisse dieser Art anzuknüpfen, zu erhalten und nützlich zu machen. Ja, es ist kein bedeutender Name von Weimar ausgegangen, der nicht in ihrem Kreis früher oder später gewirkt hätte.“* (2)

rr

Abb. S. 18 Anna Amalia, Öl auf Leinwand (Ausschnitt), Johann Heinrich Heinsenius, 1770

(1) Anna Amalia, Meine Gedanken, zitiert in: Wilhelm Bode, Amalie, Herzogin von Weimar, Bd. 1, S. 12, Berlin 1908
(2) Goethe, Werke, Stuttgart 1911, Bd. 25, S. 261f.

Literatur: Ursula Salentin, Anna Amalia, Wegbegleiterin der Weimarer Klassik, Köln-Weimar-Wien 1996

SOPHIE Baronin von EGLOFFSTEIN (1742–1807)

Aus der alten fränkischen Adelsfamilie der Grafen und Freiherrn von und zu Egloffstein, Stammsitz in der fränkischen Schweiz, wagt gegen Ende des 18. Jahrhunderts eine junge Witwe, Mutter vierer unmündiger Söhne und einer Tochter, den Aufbruch ins ‚sächsische Ausland', um, wie sie hofft, ihren Söhnen nach einem Studium in Jena eine Anstellung am Weimarer Fürstenhof zu ermöglichen. Die junge Adelsfrau heißt Sophie, und sie wird, wie man in ihrer Familie zu scherzen pflegte, die Begründerin der fränkischen Kolonie in der Residenzstadt an der Ilm. Schon bald ist die Baronin eine feste ‚Institution' am Hofe Anna Amalias. Auch ihre Kinder sind am Musenhofe willkommen. Ein Sohn tritt 1786 als Jurist in Weimarische Dienste. Vor allem aber wird es Henriette sein, ihre einzige Tochter, die, in Weimar herangewachsen, nachhaltig vom geistigen Ambiente des Musenhofes geprägt wird. Als junge Frau nach Erlangen verheiratet, kommt sie 1795 nach Weimar zurück und hält hier, in der **Windischengasse 15,** (heute **Windischenstraße**) dem Wohnhaus der von Egloffsteins, ihren Einzug. es

HENRIETTE Gräfin von EGLOFFSTEIN (1773–1864)

Als Stammbesucherin der geselligen Runde um Anna Amalia in Tiefurt, für die Henriette eine willkommene Bereicherung, *„eine höchste Zierde der Gesellschaft"* (1) ist, wird diese, 22jährig, Zeugin von so manchen klugen, aber auch hitzigen Diskussionen zwischen den Weimarer Geistesgrößen, die sich dort regelmäßig einfinden. Henriette ist beeindruckt von der freimütigen Art, in der auch die Damen ihre individuellen Ansichten vortragen, und sie lobt die Weimarer Frauen, da sie es geschickt verstünden, allein durch ihre Gegenwart die hitzigsten Gemüter zu besänftigen. In Tagebuchnotizen und Briefen, die Henriette hinterläßt, vermittelt sie eine Fülle lebendiger Eindrücke von diesen Tiefurter Zusammenkünften. Henriette von Egloffstein, 1787 mit ihrer Mutter und ihren Brüdern nach Weimar kommend, beeindruckt Anna Amalia durch ihre Anmut und Klugheit, diese möchte das 14jährige Mädchen gern für längere Zeit in ihrer Nähe haben; vor allem ihre wohlklingende Stimme und ihre Musikalität bezaubern die Herzoginmutter. Und Henriette, der es am Hofe ausnehmend gut gefällt, möchte nichts lieber als in Weimar bleiben. Doch ihre Mutter Sophie hat ehrgeizigere Pläne mit der Tochter: um einen dauerhaften Zusammenhalt der verschiedenen Familienzweige ihrer adligen Großfamilie zu gewährleisten, wird die nunmehr

15jährige Henriette dazu bestimmt, die Ehe mit dem 22jährigen designierten Erben des ostpreußischen Familienzweiges einzugehen, dem Grafen Leopold zu Egloffstein. Also wird das sich heftig sträubende Mädchen 1788 nach Erlangen gebracht und verheiratet. Die Ehe gestaltet sich äußerst unglücklich. Auch die Geburt ihrer ersten Kinder (Caroline 1789, Jeanette 1791) sowie eine Reise nach Italien (1792 von der Mutter Sophie gestiftet, um die Ehe zu retten) ändern daran nichts. Kurz nach der Reise bringt Henriette ihre dritte Tochter, Julie, zur Welt. Endlich, im Jahre 1795, als Graf Leopold eine Stelle in Weimar annimmt, erfüllt sich Henriettes sehnlichster Wunsch: sie darf nach Weimar zurück. Die junge Frau, durch die problematische Verbindung mit dem ungeliebten Mann früh gereift, fühlt sich sofort wieder aufgenommen und zu Hause. Bemerkenswert ist ihr zwiespältiges Verhältnis zu Goethe, der die selbstbewußte kluge Frau *„seine verehrte, seine geliebte und seine würdige Freundin"* (2) bewundert, ihr *„männliche ritterliche Kraft ..."*, gepaart mit *„... weiblicher Anmut"* (3) attestiert. Henriette dagegen verhält sich ihm gegenüber kühl und distanziert; sie ist, als sie ihn näher kennenlernt, enttäuscht über seine menschlichen Schwächen. Er sei, urteilt sie, *„ein selbstherrlicher, olympischer Jupiter"*, der keinen Widerspruch dulde, *„schroff, wortkarg, spießbürgerlich, steif und so kalten Gemütes wie ein Eisschollen"*(4). In dieses harte Urteil mag die Empörung der in ihrem Stolz verletzten Frau darüber eingeflossen sein, daß auch der „Genius Goethe" nicht vor dem typisch männlichen Überlegenheitswahn gefeit ist, der nicht duldet, daß andere neben ihm gleich groß erscheinen: ein Verhalten, das in eklatantem Widerspruch zu ihrer Überzeugung von der geistigen Ebenbürtigkeit aller Menschen steht. Deshalb hat sie in Goethe *„nie den Menschen, sondern nur das allumfassende Genie bewundert und geliebt"* (5). Noch unerbittlicher verurteilt Henriette von Egloffstein *„im Urteil und Maßstab den Konventionen ihrer Kaste verpflichtet"* (6) *„diese ominöse Liason zwischen dem Bertuch'schen Blumenmädchen und ihm ..."*, als *„... eine unverzeihliche Abweichung von der Bahn der Tugend und Sittlichkeit, die durch kein noch so großes Talent und die eminentesten Geistesgaben ausgeglichen werden könne!"* (7). Im Jahre 1797 begleitet Henriette widerstrebend ihren Mann, als dieser nach Erlangen zieht, kehrt aber bereits 1800 allein mit ihren Töchtern nach Weimar zurück. 1803 wird die Ehe geschieden. Ein Jahr später heiratet sie den Oberforstmeister Beaulieu-Marconnay und folgt ihm nach Hannover. Die Ehe wird glücklich, und Henriette auch in Hannover zum Mittelpunkt eines neuen Freundeskreises. Am 15. Oktober 1864 stirbt sie in Marienrode bei Hildesheim. es

---

Abb. S. 21 Henriette Gräfin von Egloffstein, Pastell (Ausschnitt), F. A. Tischbein, 1804

(1) Paul Kühn, Die Frauen um Goethe, Leipzig 1911, S. 275
(2) Zitiert in: Effi Biedrzynski, Goethes Weimar, Das Lexikon der Personen und Schauplätze, Zürich 1993, S. 70
(3) Zitiert ebenda, S. 71
(4) Zitiert in: Paul Kühn, a.a.O., S. 276
(5) Effi Biedrzynski, a.a.O., S. 70
(6) Ebenda, S. 69
(7) Zitiert in Effi Biedrzynski, a.a.O., S. 70

CAROLINE Gräfin von EGLOFFSTEIN
(1789–1868)

Im Spätsommer des Jahres 1809 warten Mutter Henriette und Schwester Julie auf Caroline, die nach Jahren der Abwesenheit nach Weimar zurückkommt, um für immer zu bleiben. Es ist zu erwarten, daß die zwei Schwestern, schon seit Kindertagen geprägt von der Weimarer Hofszene, dieser Mischung aus Geist, Anstandsregeln, künstlerischem Flair, Klatsch und höfischer Geselligkeit, dem Ausleben ihrer Individualität höchste Priorität einräumen werden. Das heißt, daß für Caroline und Julie eine „lukrative Eheverbindung" allein aus Gründen der Familienräson – wie sie ihrer Mutter und auch ihrer Großmutter Sophie aufgezwungen wurde – auf keinen Fall in Frage kommt. Deshalb finden sich die beiden in der Situation, selbst für ihr Auskommen sorgen zu müssen. Als Ausweg und einzige Chance, standesbewußt, also öffentlich anerkannt, ein Auskommen zu finden, ergreift Caroline im Jahr 1815 die sich ihr bietende Gelegenheit, als die junge Erbherzogin Maria Paulowna eine Hofdame sucht: sie bekommt die Stelle. Da Caroline weit über ihr Alter hinaus klug und verständig ist, kommt Maria Paulowna gut mit ihr zurecht, zumal sie gemeinsame musikalische Interessen verbinden. Carolines Einkommen beträgt immerhin 500 Taler im Jahr. Das rechnet sich, so überlegen Mutter und Tochter, nimmt man die anfallenden Geschenke der ‚hauseigenen' Hoheiten oder der hoheitlichen Gäste dazu, ferner die zu erwartende angemessene Versorgung im Alter, eine mietfreie Wohnung inbegriffen, nicht zu vergessen die Mitbenutzung der Hofequipage sowie einen Logenplatz zu den Theatervorstellungen. Für diese Annehmlichkeiten, das ist Mutter und Tochter klar, ist allerdings auch ein hoher Preis zu entrichten: eine Hofdame kann niemals über Stunde, Tag, Woche, Jahr frei verfügen. Sie hat stattdessen den Bedürfnissen ihrer Hoheit Rechnung zu tragen, mit Takt und Disziplin im komplizierten Gefüge des Hofstaates zu vermitteln und selbstredend auch in die Rolle des weiblichen ‚maître de plaisir' zu schlüpfen, um die regelmäßig aufkommende Langeweile der unterschiedlich anspruchsvollen Hofgesellschaft durch standesgemäße Vergnügungen aller Art – wobei entsprechend lustige Einfälle gefragt sind – zu vertreiben.
Caroline erfüllt ihre Rolle mit viel Klugheit und Geschick. Bewegungsraum verschafft ihr eine größere Anzahl von Reisen, so 1815 und 1825 nach Rußland. Man sollte annehmen, die dringendsten Existenzsorgen wären nun erst einmal gelöst – aber weit gefehlt! Denn da ist Julie, die malerisch begabte jüngere Schwester, die in ihrem Bekanntenkreis, unter anderem auch von Goethe, dazu ermuntert

wird, nach Dresden zu gehen und gänzlich der Kunst zu leben. Um diese künstlerische Laufbahn finanzieren zu können, ist des Rechnens, Abknapsens und Schuldenmachens kein Ende: Schmuck wird verkauft, und die Mutter hilft mit selbstgestickten feinen Handarbeiten, die Kasse aufzubessern. Auch Carolines Opferwille ist gefragt, das heißt, sie schränkt ihre Bedürfnisse ein und teilt mit der Schwester. Die nächsten Jahre vergehen in der ständigen Sorge, der Schuldenberg könnte über ihnen zusammenbrechen. Doch in den Briefen, die zwischen der Mutter und Caroline gewechselt werden, klingen diese Nöte nur verhalten an. *„Lebhaft und skeptisch in ihrer gescheit-amüsanten Briefmanier“* [1] erörtern sie das Für und Wider einer Stellung bei Hofe; schließlich ist auch an Julie zu denken, die inzwischen nach Weimar zurückgekehrt, dringend auf ein regelmäßiges Einkommen angewiesen ist.

Ab etwa 1816 gehören die Schwestern von Egloffstein zu dem engeren Kreis der Vertrauten, die regelmäßig und auch oft unaufgefordert bei Goethe hereinschauen. Der Geheimrat schätzt ihre unbeschwerte jugendliche Gesellschaft und läßt nach ihnen fragen, wenn sie längere Zeit ausbleiben. Besonders Caroline, die begabte, anmutige Sängerin, ist ihm zugetan: gern läßt sie sich bitten, ihm das eine oder andere seiner Lieder zu singen. Wechselseitige Sympathie, das Bedürfnis nach Mitteilung, Wärme und Belehrung mögen als Ursache ihrer Zuneigung gelten. Caroline gesteht schwärmerisch, daß *„sie nur von einem Tag zum anderen in dem Gedanken lebe, Goethe zu sehen, und ihre Wünsche seien erst befriedigt, wenn der Abend an seiner Seite endige.“* [2]

Ihre letzten Lebensjahre verbringt Caroline mit Mutter und Schwester Julie in Marienrode bei Hildesheim. Dort stirbt sie am 6. Juli 1868. es

Abb. S. 23 Quodlibet mit den Gräfinnen von Egloffstein, Federzeichnung (Ausschnitt), Heinrich von Hallerstein, um 1813

[1] Effi Biedrzynski, Goethes Weimar, Das Lexikon der Personen und Schauplätze, Zürich 1993, S. 72

[2] Ebenda, S. 75

LUISE von GÖCHHAUSEN (1752–1807)

Die Herzoginmutter Anna Amalia verstand es, nicht nur kluge und für Weimar wichtige Männer in die kleine Residenzstadt zu holen, sondern darüber hinaus zahlreiche geistreiche und interessante Frauen in ihrer Nähe zu halten. Eine davon ist Luise von Göchhausen, die als dreiundzwanzigjährige 1775 nach Weimar kommt, um Gesellschaftsdame der dreizehn Jahre älteren Herzogin Anna Amalia zu werden. 1782 wird sie zur ersten Hofdame ernannt. Von Wieland als „Gnomide" bezeichnet, von den Grafen Stolberg „Thusnelda" genannt, ist sie schließlich unter dem Rufnamen „Thuselchen" bekannt. Die Hofdame wohnt im **Wittumspalais** an der Esplanade, wo sie in der Mansarde zwei Stübchen hat, gefüllt mit Erinnerungs- und Sammlungsstücken, an den Wänden eine Bildergalerie schöner Frauen.

Luise selbst ist – entgegen den üblichen Erwartungen – nicht anmutig und wohlgestalt, sondern klein, eher unansehnlich und verwachsen. Doch was ihr an äußeren Reizen fehlt, ersetzt sie durch Geist, Gemüt und Humor. Die Göchhausen ist am Hof beliebt durch ihren scharfen Verstand, heiteren Witz und manchmal beißenden Spott – den sie vor allem selbst vertragen kann. Hochgeschätzt ist die kleine Hofdame auch durch ihre Unterhaltungskunst. So trägt sie zur Glanzzeit von Weimar bei durch ihr schauspielerisches Talent, ihre Qualität als Vorleserin, aber auch als Schriftstellerin. Luise von Göchhausen spricht fließend mehrere Sprachen, sie verfaßt Gelegenheitsverse, Rätsel, Alltagsparodien, übt sich als Autorin für Anna Amalias „Tiefurter Journal", ebenso schreibt sie gern Artikel für Bertuchs „Journal des Luxus und der Moden".

Bekanntgeworden ist Luise von Göchhausen auch durch ihre Abschrift des „Urfaust", die 1887 in ihrem Nachlaß gefunden wird. Aufschlußreich sind ihre Ausführungen zu den internen Verhältnissen am Hof in Briefen an Carl Ludwig von Knebel und Karl August Böttiger. In diesen Briefen ist die Göchhausen eine wohlwollende, aber scharf beobachtende Chronistin von Gegebenheiten und Zuständen am Weimarer Hof.

1790, nach der Rückkehr aus Italien, wohin sie ihre Herzogin begleitet hat, gründet die Hofdame einen kleinen geselligen Zirkel, der sich jeden Sonnabendvormittag in ihrer Wohnung in den Mansardenzimmern des Wittumspalais trifft. Man unterhält sich in ungezwungener Form, liest vor, deklamiert und musiziert. Bald gehören Heinrich Meyer, der Kammerherr von Einsiedel, Wieland, Bertuch, Kraus, Seckendorf, Froriep, Böttiger und auch Amalie von Imhoff sowie Goethe zu den Mitgliedern dieses Kreises. Die „Freundschaftstage" finden über zehn Jahre hinweg, aber nur im Winter, bei Luise statt, während im Sommer das Schloß Tiefurt der bevorzugte Ort der geselligen Runde ist. Schloß und Park sind Luises liebste Aufenthaltsorte, wo sie die Wärme des Sommers und die Stille, abseits vom Hofleben, genießt. Luise von Göchhausen ist ihrer

Herzogin bis zu deren Tod eine treue und geistig ebenbürtige Freundin und Begleiterin, auch wenn die zwei sich dann und wann „brouillieren" und vielleicht sogar an Trennung denken.
Als Anna Amalia 1807 stirbt, bricht damit auch Luises Lebenskraft. Sie fühlt sich vereinsamt in dem verwaisten Palais, zieht in eine neue Wohnung am Schweinsmarkt (heutiger Goetheplatz) und stirbt dort ein halbes Jahr nach Anna Amalia im September 1807. Nur 55 Jahre alt geworden, wird sie im Kassengewölbe des Jakobsfriedhofs in aller Stille beigesetzt. rr

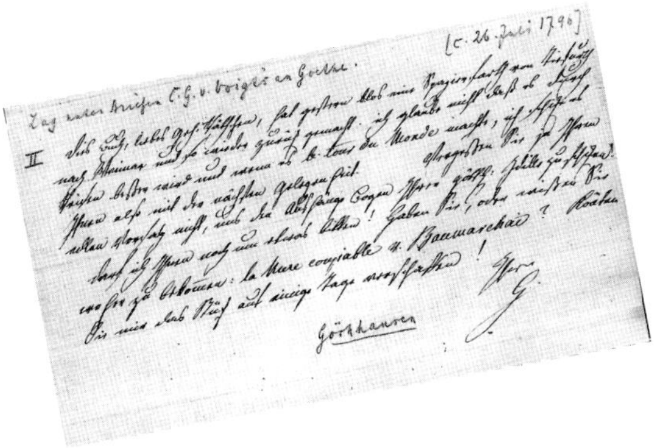
[c. 26. Juli 1796]
Göchhausen

Abb. S. 25 und 26 Luise von Göchhausen, Gipsbüste (Ausschnitt), Martin Gottlieb Klauer, undatiert
Urfaust – Abschrift, Luise von Göchhausen
(Brief): Luise von Göchhausen an J. W. Goethe, Handschrift, eigenhändig, Tiefurt etwa 26. Juli 1796

HENRIETTE von KNEBEL (1755–1813)

Als Erzieherin der fünfjährigen Prinzessin Caroline, einziger Tochter des herzoglichen Paares Luise und Carl August, wird Henriette von Knebel im Jahr 1791 vom heimatlichen Ansbach nach Weimar an den Fürstenhof berufen. Ihr Bruder Carl Ludwig, Erzieher des jüngsten Fürstensohnes Carl Bernhardt, hat sie den Eltern empfohlen. Die damals schon sechsundvierzigjährige Henriette ist froh, der trübsinnigen Existenz mit dem tyrannischen Vater im engen Elternhaus zu entkommen. Sie sieht in dem Wechsel von Ansbach nach Weimar, in dem sich die Geistesgrößen jener Zeit zusammengefunden haben, ihre Chance. Von Haus aus gebildet, musikalisch begabt – sie komponiert und spielt vorzüglich Klavier –, mit dem Bruder Neigung und Interesse für Literatur, Theater und Philosophie teilend und von Ansbach her mit dem höfischen Reglement bestens vertraut, ist Henriette von Knebel auf die neue Aufgabe gut vorbereitet. Die Nähe zum geliebten Bruder tut ein Weiteres, ihr den Abschied von der Heimat leicht zu machen.
Henriette gelingt es bald, nicht nur die Erzieherin, sondern auch die Vertraute und mütterliche Freundin der kleinen Prinzessin zu werden. Caroline, so schreibt sie ihrem Bruder im November 1802, werde zum Inhalt ihres Daseins, zum Faden, an dem

sich ihr Leben fortspinne und erhalte. [1] Geschickt versteht sie es, Erziehung, Unterricht und gesellige Verpflichtungen des heranwachsenden Kindes so miteinander zu verbinden, daß Carolines Munterkeit und Lebensfreude nicht getrübt, ihre Rechte und Ansprüche auch von den Eltern beachtet werden.

Als der jungen Prinzessin später im Fürstenhaus eine eigene kleine Hofhaltung zugestanden wird, gelingt es der inzwischen zur Hofdame aufgestiegenen Henriette, aus der kleinen Dependance des fürstlichen Hofes einen Ort der Begegnungen zu machen, der seine Gäste immer zu bezaubern weiß.

Auch nach der Hochzeit Carolines mit dem Erbprinzen von Mecklenburg-Schwerin im Jahr 1810 bleiben Henriette und Caroline, da diese sich nicht von ihrer alten Freundin und Hofdame trennen möchte, in Schwerin zusammen. In unmittelbarer Nähe der neuen Residenz des Schlosses Ludwigslust richtet Caroline ihr eine Wohnung ein, in der sie zusammen mit ihrer Jugendfreundin Karoline von Bose lebt. Diese war Henriette schon 1805 von Ansbach nach Weimar gefolgt und hatte zunächst bei Charlotte von Stein gewohnt.

Am 14. Juni 1813 stirbt Henriette von Knebel nach kurzer schwerer Krankheit. es

---

Abb. S. 26 Henriette von Knebel, Silhouette, unbekannt, undatiert

[1] Vgl. Effi Biedrzynski, Goethes Weimar, Das Lexikon der Personen und Schauplätze, Zürich 1993, S. 250

Literatur: Karl Ludwig von Knebel, Briefwechsel. In: Karl Ludwig von Knebel, Literarischer Nachlaß und Briefwechsel, München 1948

LUISE
geborene Prinzessin von Hessen-Darmstadt (1757–1830) Großherzogin von Sachsen-Weimar-Eisenach

Luise Auguste, geboren am 30. Januar 1757 in Berlin, war die Tochter des Landgrafen Ludwig IX. von Hessen-Darmstadt, eines Mannes, der das Militärwesen über alles liebte. Die Soldatenleidenschaft hatte ihn in die Armee Friedrichs des Großen geführt. Luises Mutter, die Landgräfin Caroline, war eine ungewöhnlich resolute und zugleich empfindsam-geistreiche Frau, sie hatte die Erziehung der acht Kinder und die Regierungsarbeit zu übernehmen.

Ihre Jugend verlebte Luise im Darmstädter Schloß, bis im Jahr 1773 die aufregende Reise nach St. Petersburg angetreten wurde: die Mutter führte auf Verlangen von Kaiserin Katharina drei ihrer Töchter zur Brautschau nach Rußland. Prinzeß Wilhelmine blieb in Petersburg als Gattin des künftigen Zaren Paul I., Amalie sollte später den Markgrafen von Baden heiraten und in Karlsruhe residieren. Nachdem Mutter und Großmutter 1774 gestorben waren, begriff die 17jährige Luise, daß auch sie nur durch eine Heirat ihre Existenz sichern konnte. Dabei wußte sie noch nicht, daß sie, die feinsinnige und schüchterne Prinzeß schon auf der Fahrt nach Rußland von der Weimarer Herzogin Anna Amalia als künftige Gattin ihres Sohnes Carl August ins Auge gefaßt worden war.

Wie immer bei Fürstenhochzeiten gingen auch der Ehe Luises und Carl Augusts diplomatische Aktivitäten voraus; man überdachte die Vorteile für den eigenen Staat – so die Verwandtschaft der Braut mit Rußland und Preußen. Und nachdem der Prinzenerzieher Christoph Martin Wieland bei dem Darmstädter Kriegsrat Johann Heinrich Merck nur „artige" Auskünfte über Luise eingeholt hatte, war man sich einig: Luise passe gut zu dem künftigen Regenten Carl August.

So fand am 3. Oktober 1775, vier Wochen nachdem Carl August mündig geworden war und die Regierung des Herzogtums Sachsen-Weimar-Eisenach übernommen hatte, in Karlsruhe die Hochzeit statt. Sie führte zwei ganz unterschiedliche Charaktere zusammen; einen lebenslustigen, temperamentvollen Herzog und eine tugendhafte, empfindsame und zurückhaltende Herzogin, die unter der Robustheit ihres Gatten noch zu leiden haben wird.

Am 17. Oktober 1775 trifft das Herrscherpaar in Weimar ein. Begleitet wird die Herzogin von ihrer Hofdame Adelaide Waldner von Freundstein, die ihr Hofamt bis zu Luises Tod 1830 innehatte.

Luise und Carl August werden empfangen von der „alten" Herzogin Anna Amalia, gerade mal 36 Jahre jung, und vom Hofstaat. Da die Wilhelmsburg, das herzogliche Schloß, ein Jahr zuvor einem verheerenden Brand fast vollständig zum Opfer gefallen ist, bezieht das junge Paar das **Fürstenhaus** (heute **Hochschule für Musik „Franz Liszt"**). Die Herzogin wohnt in der ersten und der Herzog in der zweiten Etage. Hier wird auch Hof gehalten bis zum Wiederaufbau des **Residenzschlosses** (heute **Schloßmuseum**) im Jahr 1803.

Luise muß bald nach ihrer Ankunft in Weimar erfahren, daß es schwer ist, am hiesigen Hof zu bestehen, denn obwohl eigentlich sie die Herzogin ist, bleibt die Herzoginmutter Anna Amalia die beherrschende Frauenpersönlichkeit Weimars. Die vielen Begegnungen zwischen den beiden tragen nicht dazu bei, daß sie sich innerlich näher kommen. Dazu sind sie zu verschieden: Anna Amalia ist impulsiv, lebensgewandt, lebhaft und kann zahlreiche Menschen in ihren Bann ziehen, während Luise zurückhaltend, schüchtern und leicht verletzlich ist. Für die Menschen in Weimar ist nicht Luise, sondern Anna Amalia die wahre Fürstin und Landesherrin. Auch muß Luise erkennen, daß ihr Gemahl offensichtlich seine Jagdhunde und Pferde mehr liebt als sie, seine Gemahlin. Es gibt *„nichts, was in dieser unglücklichen Familie zusammenstimmt"* (1), bemerkt Charlotte von Stein.

Mit den sieben Geburten ihrer Kinder haben Luise und Carl August auch nicht viel Glück. Ihnen bleiben nur zwei Söhne und eine Tochter (1783 Carl Friedrich, 1786 Caroline, 1792 Carl Bernhardt).

Ernstlich Kummer machen Luise außerdem die vielen Liebschaften, Affären und Nebenfrauen ihres Mannes, besonders die Beziehung zur Schauspielerin und Sängerin Caroline Jagemann. Vergeblich versuchen die Freunde, vor allem Goethe, Frau von Stein und Herder, zu helfen. Letzteren hatte Luise sich zu ihrem Seelsorger auserkoren.

Das Verhältnis der herzoglichen Eheleute entwickelt sich erst ab dem Jahre 1806 zu aller Zufrie-

denheit, als die Truppen Napoleons Weimar bedrängen. Am Morgen des 14. Oktober hört man in Weimar den Kanonendonner der kriegerischen Auseinandersetzungen zwischen Preußen und Frankreich. Luise entscheidet, allein im Schloß zurückzubleiben und das Weimarer Herrscherhaus zu vertreten. Als der französische Kaiser Napoleon am 15. Oktober das Schloß betritt, empfängt sie mit großem persönlichen Mut den Sieger auf der obersten Stufe der Schloßtreppe. Und die Herzogin erreicht in den Audienzen, die ihr der Kaiser gewährt, daß die Beschießung und Plünderung der Stadt eingestellt wird. Außerdem gewährt Napoleon „aus Rücksichtnahme auf die tapfere Herzogin" ihrem Mann Gnade und verschont das Herzogtum Sachsen-Weimar-Eisenach.
Dieses mutige Auftreten bringt Luise nicht nur die Hochachtung der Weimarer Bevölkerung ein, sondern auch den Respekt ihres Gatten. Auf diese Weise bessert sich das Eheleben des Herrscherpaares. Als Carl August 1828 stirbt, zieht Luise aus dem Schloß aus. Ihr Witwensitz werden das Fürstenhaus und das Schloß Wilhelmsthal bei Eisenach. Die Herzogin stirbt am 14. Februar 1830 in Weimar. Sie wird in der Fürstengruft auf dem Historischen Friedhof beigesetzt. rr

Abb. S. 27 Luise von Sachsen-Weimar-Eisenach, Öl auf Leinwand (Ausschnitt), unbekannt, undatiert

(1) Wilhelm Bode (Hrsg.), Goethe in vertraulichen Briefen seiner Zeitgenossen, Bd. 1, Berlin und Weimar 1979, S. 181
Literatur: Ernst Beutler, Luise von Weimar, Bremen 1962

MARIA PAULOWNA
geborene Großfürstin von Rußland (1786–1859) Großherzogin von Sachsen-Weimar-Eisenach

Die Enkelin Katharinas der Großen und Tochter des 1801 ermordeten russischen Zaren Paul I. zieht am 9. November 1804 als 18jährige, frischvermählt, an der Seite des Erbherzogs Carl Friedrich in Weimar ein. Sie bringt ihre reiche Ausstattung auf 80 Wagen mit, die von russischen Bauern und Soldaten begleitet werden.
Wieland findet Maria Paulowna über allen Ausdruck liebenswürdig, Schiller schreibt der jungen Erbherzogin das Festspiel „Huldigung der Künste", und Herzogin Luise gibt zu, daß die Schwiegertochter mit ihrem feinen und geistvollen Gesichtchen eine charmante Person sei, voll Verstand und Grazie. Von der Herzoginmutter Anna Amalia wird die junge Prinzessin als „wahrer Schatz" gepriesen. Die russische Großfürstin und Zarentochter erweist sich für Weimar in den Folgejahren nicht nur als ein wahrer Schatz für die Regierungsgeschäfte des Großherzogtums Sachsen-Weimar-Eisenach, sondern auch als wesentliche Persönlichkeit der kulturellen Entwicklung Weimars; in den Jahren von 1804 bis 1859 fördert sie insbesondere die Musikpflege und Musiker wie Johann Nepomuk Hummel und Franz Liszt. Beträchtliche finanzielle Mittel setzt Maria Paulowna aus ihrer Privatschatulle aber auch für soziale Aufgaben ein. So finan-

ziert sie Frauenvereine, die in den Jahren 1813/14 zur Linderung der Not und zur Pflege der Kranken gegründet worden waren. Sie wird zur Begründerin der „Patriotischen Frauenvereine“, nach deren Vorbild ihre Tochter, die Kaiserin Augusta, später die „Vaterländischen Frauenvereine vom Roten Kreuz“ ins Leben ruft.

Bei all ihrer karitativen Wirksamkeit zeigt sich Maria Paulowna, in Weimar meist die Großfürstin oder Hoheit genannt, klug, energisch und brillant. Als die Großherzogin Luise sich nach Carl Augusts Tod im Jahr 1828 von den Regierungsgeschäften zurückzieht, ist sie, die Erbherzogin, in viele Aufgaben der Landesmutter hineingewachsen. Goethe bezeichnet sie in diesen Jahren als eine der besten und bedeutendsten Frauen der Zeit. Sie ist nun nach Anna Amalia und Luise die dritte Fürstin, die durch ihren Ernst, ihre Durchhaltekraft und ihr ausdauerndes Interesse an Dichtung, Musik und Kunst den Aufstieg Weimars zum geistigen Mittelpunkt Deutschlands befördert. rr

---

Abb. S. 29 Maria Paulowna, Stich von C. A. Schwerdgeburth nach F. A. Tischbein, undatiert
Russisch-orthodoxe Kirche mit Gruft, Westansicht, C. H. F. Strechhan, 1859/60

Anmerkung: Dem Leben und Wirken der Großherzogin Maria Paulowna wird im Heft 2 – Stadtrundgänge WEIMAR WEIBLICH – eine ausführlichere Darstellung gewidmet.

Weimar, Wittumspalais, Grüner Salon

Abendgesellschaft (Tafelrunde) bei Herzogin Anna Amalia, Aquarell von Georg Melchior Kraus, um 1795

2. Rundgang

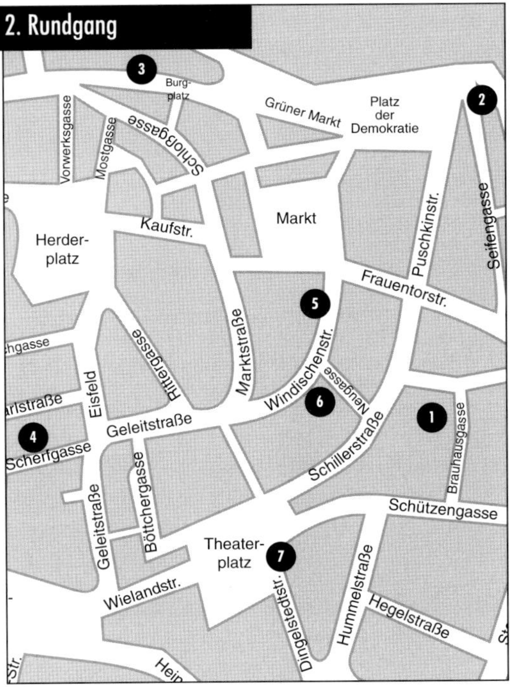

1. **Brauhausgasse 10:** Wohnsitz und Salon der Gräfin von Bernstorff
2. **Ackerwand 25/27:** Haus der Frau von Stein, auch häufiger Aufenthaltsort der Amalie von Imhoff
3. **Burgplatz 5, Wolzogensches Freihaus:** Wohnort Caroline von Wolzogens (1836 für den Neubau der Hauptwache abgerissen)
4. **Scherfgasse 3, Schardt'sches Haus:** Elternhaus der Charlotte von Stein
5. **Windischenstraße 8:** Wohnsitz der Charlotte von Kalb
6. **Windischenstraße 13:** (Hinterhaus)/Schillerstraße 10 (früher Esplanade): Erster Wohnsitz und erster Salon Johanna Schopenhauers, auch Wohnsitz Adele Schopenhauers (1896 abgerissen)
7. **Theaterplatz 1a:** Zweiter Wohnsitz und zweiter Salon von Johanna Schopenhauer, auch Wohnsitz Adele Schopenhauers (teilweise erhalten)

Literatinnen, Damen der Gesellschaft und Geselligkeit

Haus der Frau von Stein an der Ackerwand
Tuschzeichnung, Fritz von Stein, 1824

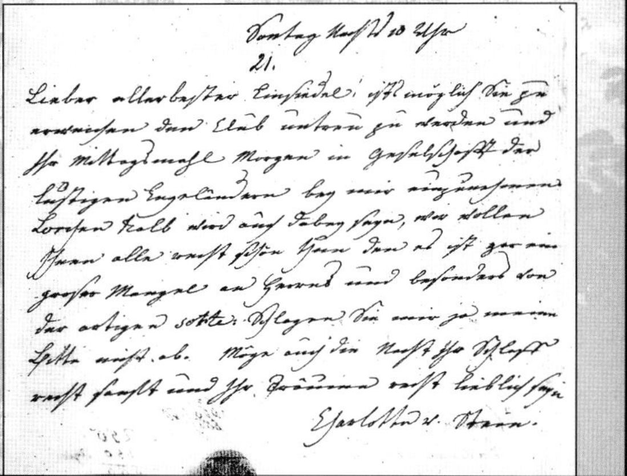

Sontag Nacht 10 Uhr
21.

Charlotte v. Stein

Charlotte von Stein an August von Einsiedel,
Handschrift, Brief ohne Datum

Unbekannte Dame mit Kindern,
Scherenschnitt

CHARITAS EMILIE Gräfin von BERNSTORFF (1733–1820)

Im Jahr 1779 kommt Emilie von Bernstorff auf Anregung ihrer Nichte Sophie von Schardt, geb. von Bernstorff, nach Weimar. In unmittelbarer Nähe zum Frauenplan, im **„Teinerts Gäßchen"** (1840 Deinhardtsgasse, heute **Brauhausgasse Nr. 10**) erwirbt sie ein Anwesen mit einem großzügigen dreiflügeligen Bau und einem Garten, der bis zur Esplanade (heute Schillerstraße) reicht. Dort führt sie bis zu ihrem Tode im Jahr 1820 ein vornehmes und zugleich offenes Haus, das neben dem Musenhof Anna Amalias im Wittumspalais als ein Zentrum geselligen und künstlerisch-literarischen Lebens den Ruf der Kulturstadt Weimar innerhalb Deutschlands und darüber hinaus weiter verbreiten und befördern hilft. Schließlich hat dieser Ruf sie selbst veranlaßt, ihren Wohnsitz in Weimar zu nehmen: Ihre aus Hannover stammende Nichte, Sophie von Bernstorff, die seit dem frühen Tod der Eltern in der Familie ihres Onkels, des Grafen von Bernstorff lebte, hat im Jahr 1777 dem ältesten Bruder Charlotte von Steins, Karl von Schardt, ihr Jawort gegeben und sich 1778 dauerhaft in Weimar niedergelassen. Sophies lebhafte Schilderungen der Persönlichkeiten sowie der geistigen und künstlerischen Bewegungen in der thüringischen Residenzstadt, und auch die Tatsache, daß sie selbst ohne Reue ihren ausgesprochen gehobenen Lebensstandard bei den Bernstorffs im großen Hamburg mit den für ihre Begriffe durchaus schlichten Verhältnissen bei den Schardts im kleinen Weimar vertauscht hat, geben letztendlich den Ausschlag für die Entscheidung der – zudem seit einigen Jahren verwitweten – Emilie von Bernstorff, im Alter von 46 Jahren gleichfalls für immer vom Norden des Landes in den Süden umzuziehen. Gräfin Charitas Emilie von Bernstorff, als Tochter der wohlhabenden Holsteiner Adelsfamilie von Buchwald auf Borstel in Holstein geboren, hatte an der Seite des in Hannover geborenen Peter Karl Graf von Bernstorff bereits gut zwei Jahrzehnte lang in mehreren großen Häusern, zunächst in Kopenhagen und ab 1770 dann in Hamburg, die Fäden der Haushaltung und des gesellschaftlichen Lebens in der Hand gehalten und als ebenso unauffällige wie souveräne Gastgeberin, durchaus vergleichbar den zeitgenössischen Salonieren in Paris, im Zentrum künstlerischer und literarischer Aktivitäten gestanden. Ihre besondere Liebe galt dabei dem Theaterspiel und der Musik. Zu ihren auch für adlige Damen der damaligen Zeit ungewöhnlich großzügigen Lebensbedingungen trug sicher die geglückte Verbindung mit Bernstorff bei, der sich als erfolgreicher Politiker und Förderer von Wissenschaft und Kunst insbesondere in seiner Position als dänischer Außenminister einen Namen gemacht hatte. Eine zentrale Gemeinsamkeit im Leben der beiden Bernstorffs bestand in ihrer religiösen Überzeugung und Einbindung in die Herrnhuter Gemeinde. Entsprechend teilten sie auch die Verehrung für den Dichter Klopstock, und der Graf nutzte seine Stellung dazu, um diesen im Jahr 1751 mit dem Angebot der finanziellen Absicherung durch ein Amt als Legionsrat von Hamburg nach Kopenhagen kommen zu lassen.

Das stark belebte, aber überschaubare Parkett, auf dem sich die ‚gehobene' Weimarer Geselligkeit im letzten Drittel des 18. Jahrhunderts abspielt, bietet der Gräfin keine Stolpersteine, sondern ein Terrain, auf dem sie sich mit der ihr eigenen Formvollendetheit und zugleich geistvollen und lebhaften Aufgeschlossenheit für alle schönen Künste bewegen kann. Emilie von Bernstorff muß, wie in verschiedenen Darstellungen zu lesen ist, über die richtige Mischung aus einem unangefochtenen Habitus als ‚Dame von Welt', einem feingebildeten Kunstsinn und heiter-gefaßtem Herzenstakt verfügt haben, um von der Weimarer Gesellschaft gleichermaßen mit Hochachtung und Sympathie aufgenommen zu werden. Ein zeitgenössisches Portrait im Rokoko-Stil (in Weimar leider nicht zugänglich) zeigt auf einem ebenmäßigen Gesicht einen ebenso klugen und achtunggebietenden wie anmutigen Ausdruck. Eine nähere freundschaftliche Verbindung entsteht zuallererst – und dauerhaft – zu Herzogin Anna Amalia, in deren vertrauteren Kreis sie auf Schloß Ettersburg und im landschaftlich schönen Umkreis gleich im ersten Jahr einen anregenden und heiteren Sommer verlebt. Ein Großteil der Zeit wird mit Theaterspielen verbracht, wobei es, einem Bericht Anna Amalias zufolge, zu den größten Vergnügungen gehört, in Rollen zu schlüpfen, die das Leben sonst verwehrt: In einem komischen Stück mit dem Titel „Die Gouvernante" übernimmt Gräfin Bernstorffs Haushofmeister, der *„dicke biedere Bode"*, die weibliche Hauptrolle. Die Herzogin selbst, die Gräfin von Bernstorff, die Freifrau Sophie von Schardt und die Hofdame Luise von Göchhausen hingegen spielen die Untergebenen der Gouvernante; und der sonst als so eitel und unoriginell geschilderte Regierungsrat von Schardt spielt den Bediensteten eines adligen Liebhabers. Am Ende des Stückes ist es – wie Anna Amalia gesagt haben soll – schließlich allen gestattet, *„ihre Unarten auszutoben"*. (1)

Angesichts der sorglosen Vergnügungen der Gräfin auf dem Sommersitz der Herzogin läßt sich bereits ahnen, was ihr eigenes Haus in den folgenden Jahren auszeichnen wird: neben einer wahrhaft fürstlichen Ausstattung mit einem professionellen ‚Stab' von Bediensteten und edler Einrichtung vor allem eine Atmosphäre unbeschwerter und großzügiger Gastlichkeit. Das Haus ist stets all jenen offen, die sich *„durch Geburt, Geist, Talent oder Schönheit"* (2) auszeichnen, d. h.: es sind auch Personen willkommen, die nicht dem Adelsstand angehören, wenn sie denn andere Vorzüge mitbringen. Besonders häufig hallt die schmale Teinertsgasse von Hauskonzerten wider; die Tatsache, daß die Gräfin eine eigene Hauskapelle beschäftigt, trägt wesentlich zu ihrer Beliebtheit bei. Es erweist sich außerdem als Gewinn für die Weimarer Gesellschaft, daß Emilie von Bernstorff den bereits erwähnten Johann-Joachim Christoph Bode (1730 bis 1793) als ihren Geheimsekretär und Hausminister aus Hamburg mitgebracht hat. Der zu dieser Zeit bereits berühmte Musiker, Komponist, Sprachlehrer, Dichter, Übersetzer, Verleger und Vermittler der Aufklärung ist für die ‚großen Köpfe Weimars' wie Herder, Goethe, Wieland oder auch Bertuch durch seine Freundschaft mit Klopstock und Lessing interessant, vor allem aber durch seine führende Position in der deutschen Freimaurerschaft. Für die Gräfin ist und bleibt er der unersetzliche Verwalter, Arrangeur, Begleiter, kurz: der ‚Mann für alles'; zu offiziellen Terminen und Festivitäten außer Haus erscheint sie stets in seiner Begleitung. Ihr gastliches Haus bleibt allerdings auch noch weit über das Jahr 1793, das Todesjahr Bodes, hinaus geöffnet. Gräfin Emilie von Bernstorff lebt und wirkt noch 27 erfüllte Jahre in Weimar, bevor sie schließlich im Jahr 1820, siebenundachtzigjährig, stirbt und auf dem jetzigen Historischen Friedhof bestattet wird. Mit ihrem Tod endet auch ein wichtiges, wenngleich heute nicht mehr so bekanntes Kapitel weiblicher Salonkultur in Weimar. um

Abb. S. 34 Das Bernstorffsche Haus in der Brauhausgasse 10, Foto (Ausschnitt), 1998

(1) Leonard Schrickel, Weimar, Weimar o. J., S. 137
(2) Effi Biedrzynski, Das Lexikon der Personen und Schauplätze, Zürich 1993, S. 23

ANNA AMALIE Freiin von IMHOFF verh. von HELVIG (1776–1831)

Ein Blick auf die Lebensgeschichte Amalie von Imhoffs zeigt, daß die Dichterin in ihrer Geburtsstadt Weimar, wo sie seit 1785 ihren Hauptwohnsitz hatte, die sorglosesten und glücklichsten Jahre ihres Lebens verbrachte; sie selbst sah später stets mit Dankbarkeit auf ihre Weimarer Jugendzeit zurück, insbesondere auf die anregende Geselligkeit im **Haus** ihrer Tante, **der Frau von Stein**, in dessen Nähe sie mit ihrer Mutter und ihren drei Geschwistern in bescheidenen Verhältnissen lebte und in dem sie stets willkommen war, ja als junge Frau von der verehrten Tante sogar einen eigenen Raum mit Schreibtisch zur Verfügung gestellt bekam. In der kurzen Zeit ihrer Stellung als Hofdame der Herzogin Luise wohnte sie zeitweilig auch im Fürstenhaus am Fürstenplatz (heute Platz der Demokratie). Amalie von Imhoff rückte in

Weimar nicht nur durch den nahen Bezug zu Charlotte von Stein in den Blickpunkt des zeitgenössischen Interesses, sondern als vielseitig talentierte und geistreiche, selbständige junge Frau, die ebenso durch eigene künstlerische Leistungen wie durch eine für die Zeit ungewöhnlich freiheitliche Lebensauffassung und eine spezifische witzig-charmante Schlagfertigkeit von sich reden machte und bald zu den prägenden Persönlichkeiten der Weimarer Salonkultur gehörte. In zeitgenössischen Beschreibungen wird außerdem – von Männern bewundernd, von Frauen gelegentlich mit einem Anflug von Mißbilligung – ihre einnehmende, auffällig aparte und zugleich stolze Erscheinung beschrieben.

Schon in Amalies Kindheit offenbarte sich ihre Sprachbegabung: sie sprach mit acht Jahren fließend Französisch und Englisch, konnte Homer im griechischen Urtext lesen, setzte sich bereits mit der Kultur der Antike und neuzeitlicher Literatur auseinander und improvisierte Gedichte. Darüber hinaus beschäftigte sie sich mit Theaterspiel, Tanz, Gesang, Instrumentalspiel (Harfe und Gitarre) sowie mit Malen und Zeichnen und entdeckte für sich selbst früh die Leidenschaft für den Umgang mit Klängen, Farben, Rhythmen und Worten.

Sie hatte das Glück, schon in der Familie mit vielseitigen künstlerischen Anregungen aufzuwachsen. In ihrer Kindheit, auf dem Familiengut Mörlach in Württemberg, wurde sie von ihrem Vater, dem Baron Carl von Imhoff, der auf seinem abenteuerlichen Lebensweg u.a. als Portraitmaler in Indien bekannt geworden war, auf phantasievolle Weise mit Farben und Maltechniken vertraut gemacht. Durch ihre sich musikalisch betätigende Mutter Louise, geb. von Schardt, die jüngere Schwester Charlotte von Steins, gewann sie zunächst im häuslichen Rahmen das Selbstverständnis musischer Betätigung und wurde dann später mit dem Weimarer Musenleben verbunden. Amalie hatte in ihrer Jugend das Glück, die Schule zu besuchen und genoß außerdem das Privileg, besonders gute Lehrer zu haben, wie z.B. Jacobi und Johann Heinrich Meyer.

Als junges Mädchen wohnt Amalie von Imhoff in Weimar zunächst noch mit der Familie in der engen Wohnung der Großmutter, Sophie von Schardt, in der Schloßgasse; die Familie Imhoff war infolge wirtschaftlicher Schwierigkeiten schon vor einigen Jahren nach Weimar umgezogen, wo Herzog Carl August dem Baron Carl von Imhoff unter dem Siegel der Verschwiegenheit ein bescheidenes Jahresgehalt gewährte. 1788, nach dem Tod des in den letzten Jahren sehr schwierigen Vaters, kommt sein reicher englischer Stiefsohn Charles Hastings zu Besuch nach Weimar und mietet der Familie, in Erfüllung des letzten väterlichen Willens, eine schönere Wohnung, die endlich, wunschgemäß, an der Ackerwand liegt. Als Amalie von Imhoff sich nach Abschluß ihrer Schulzeit auf einem Töchterpensionat in Erlangen im Jahr 1791 ganz in Weimar niederläßt, ist sie, erst 15jährig, schon eine recht eigenständige und gewandte junge Dame. Sie geht im Haus ihrer Tante ein und aus und wächst schnell hinein in die Weimarer Gesellschaft. Besonders gern gesehen ist sie bei Luise von Göchhausen und gehört bald zum festen Besucherinnenkreis der „Freundschaftstage" im Wittumspalais. Die Frau Oberstallmeisterin v. Stein nimmt die Nichte meist zu ihren Besuchen bei den Schillers im benachbarten Jena mit. Während die häusliche Charlotte Schiller über die wißbegierige junge Dichterin skeptisch und womöglich etwas eifersüchtig orakelt, sie gehöre *„zu den Irrsternen, die sich verdunkeln"* (1), zeigt sich Friedrich Schiller zunehmend interessiert an persönlichem Kontakt und Gedankenaustausch. Er äußert sich über ihre Gedichte mit einiger Begeisterung, bietet Korrektur an und sendet ihr seine neuesten Werke zu. In den folgenden drei Jahren kann Amalie von Imhoff glücklich ihre ersten Arbeiten veröffentlicht sehen: in Schillers Musenalmanach für das Jahr 1796 einige ihrer Gedichte, u.a. „Uneigennützige Freundschaft", in den gleichfalls von ihm herausgegebenen „Horen" des Jahres 1797 eine Tacitus-Nachdichtung („Das Fest der Hertha") und das größere Gedicht „Abdallah und Balsora" und im Musenalmanach für 1798 u.a. die romantische Ballade „Die Jungfrau des Schlosses" und das kleine Gedicht „Die Mode", das besondere Anerkennung findet. Amalie von Imhoff, an deren dichterischem Selbstbewußtsein nicht nur ihre Tante Anstoß nimmt *(„... sie ist so in sich verliebt, daß es einem zum Ekel ist –")* (2), empfindet es als anmaßend, namentlich als Autorin neben Goethe, Schiller, Schlegel oder Hölderlin genannt zu werden und bittet Schiller, unter ihre Arbeiten jeweils nur ein „F." zu setzen. Goethe mag die Begeisterung seines Freundes Schiller zunächst nicht zu teilen, und er tadelt etwas, das die Schreibweise der meisten Frauen in dieser Zeit charakterisiert, ob der Klassik oder eher der Romantik zugehörig, und das vor allem seiner auf Vollendung ausgerichteten Kunstauffassung strikt zuwiderläuft: Unschärfe, mangelnde Durchformung, nie endende Sätze. – Als Jugendliche ist Amalie – qua Schönheit und auch Begabung – in den Reigen der von ihm geförderten weiblichen Talente aufgenommen worden, begleitet von seinem berühmt gewordenen Kommentar: *„Unsereiner quält sich, Hexameter zu machen und das Kind bringt sie hervor wie ein Rosenbusch die Rosen"* (3). Doch jetzt geht es um ernsthafte Anerkennung, auch womöglich die des eigenständigen künstlerischen Anspruches einer Frau. Amalie von Imhoff ist von den ‚Meisterwerken' und Meistern der Klassik zwar deutlich beeinflußt und versucht phasenweise auch, in ihrem Stil, z. B. im ‚ErlkönigTon', zu dichten, aber sie folgt – als Frau in ihrer Zeit ist ihr das möglicherweise selbst kaum bewußt – beim Schreiben dennoch anderen inneren Bedürfnissen und Leitlinien. Um diesen nachgehen zu können, lohnt sich auch heute noch die Auseinandersetzung mit den Texten, selbst wenn sie uns beim ersten Lesen doch arg schwärmerisch, süßlich oder gar kitschig vorkommen.

Im März 1799, nach rund neunmonatiger Arbeit, legt Amalie von Imhoff ihr bedeutendstes Werk vor, das in sechs Gesängen abgefaßte Versepos „Die Schwestern von Lesbos". Das von Schiller sofort mit großem Lob entgegengenommene Gedicht führt die Dichterin bei Goethe zunächst in eine harte, sieben Monate währende Schule klassischer

Dichtkunst, bevor es vom Meister zur Veröffentlichung freigegeben wird. Das gerät Amalie handwerklich zum Vorteil (später werden diese Stunden konzentrierten Lernens zu den unvergeßlichsten Erinnerungen ihres Lebens gehören), Goethe eher zur Geduldsprobe. Schiller tröstet – ‚unter Brüdern' – den entnervten Goethe mit der Möglichkeit eines Vorwort-Verweises auf den dilettantischen Ursprung des Werkes und auf Toleranz gegenüber der Veröffentlichung als einen humanitären Akt der Herausgeber.

Im Herbst 1799 kommen die „Schwestern von Lesbos" im Musen-Almanach für das Jahr 1800 heraus, und zwar an erster Stelle, neben Schillers „Lied von der Glocke". Es gibt viel Lob, aber auch kritische Töne; die lästerlichste Äußerung kommt von Caroline Schlegel aus der Jenaer Romantik-Hochburg *(„... weiter nicht viel als ein Rudel Hexameter")* (4). Die nicht eben reiche, doch um so stolzere Dichterin aber kann vom Tübinger Verleger Cotta beglückt 40 Louis d'ors entgegennehmen: ihr erstes Autorinnenhonorar. 1801 erscheint das Werk in einer Prachtausgabe bei A. Herrmann in Frankfurt, einer der Kupferstiche darin stammt von Amalie selbst. Der Erlebnisgrund für diese Dichtung ist vermutlich das Ende der Liebesbeziehung zwischen Charlotte von Stein und Johann Wolfgang von Goethe, das Hauptthema im Ergebnis der Handlung: Entsagung. Amalie hat bewußt miterlebt, wie furchtbar ihre Tante unter der Entfernung von Goethe litt; in der dichterischen Erhöhung als entsagende Priesterin Simaitha läßt sie ihr Gerechtigkeit widerfahren.

Nach dem Erfolg mit den „Schwestern von Lesbos", die u.a. bei der Schriftstellerin Sophie von La Roche höchste Anerkennung finden, zieht es die Dichterin erst recht nicht in die alltägliche Weimarer Geselligkeit zurück; sie möchte sich noch ausschließlicher den Künsten widmen, auch der zeitweilig vernachlässigten Malerei. Das neue seit Herbst 1801 bestehende Goethesche Mittwochskränzchen ist ihr interessanter als Hofbälle, und bei Herzogin Luise hat sie sich ohnehin schon durch ihr vorlautes Mundwerk unbeliebt gemacht. Offensichtlich eignet sie sich weder für eine Karriere als Hofdame noch als Ehefrau an der Seite eines berühmten Mannes, und das wohl nicht nur deshalb, weil sie für offizielle Anlässe nur ein einziges, kornblumenblaues Gewand besitzt ... Obwohl sich genügend ‚hochkarätige' Bewerber einstellen, u.a. der österreichische Gesandte und Publizist Friedrich von Gentz und der Herr Oberbergmeister Alexander von Humboldt, kommt es zu keiner näheren Verbindung. Die allgegenwärtige Tante zeigt sich besorgt, äußert aber zugleich Verständnis für die Absonderlichkeiten der „schönen Geister". Außerdem ist sie gerade dabei, mit Hilfe der Nichte als ständige Begleiterin ihre schwere Lebenskrise zu überwinden; Sophie von La Roche soll die beiden beim Anblick als Spaziergängerinnen im Tiefurter Park als *„eine der interessantesten Tanten und Nichten, welche je gelebt"* bezeichnet haben (5). Die Mutter ist zufrieden mit der gegenwärtigen Situation – liebt sie doch die kreative Häuslichkeit mit ihren Töchtern – und macht sich sogar daran, einige von Amalies Gedichten zu vertonen.

Wohl die meisten Menschen in Amalie von Imhoffs Umgebung haben ihr deutliches Empfinden von der Weimarer Enge und ihre Sehnsucht nach einer Liebesbeziehung unterschätzt und wundern sich daher, als sie sich im Jahr 1802 in den weltgewandten, schwedischen Obersten Karl von Helvig verliebt und ihn, als er im Sommer 1802 auf Urlaub kommt, kurzentschlossen heiratet. In das Leben Amalies als Frau von Helvig kommt damit allerdings eine tragische Dimension, die daraus kaum mehr weichen wird. Die Ehe ist überschattet durch die allzu häufige Abwesenheit des Miltärmannes, lange Phasen des Getrenntlebens beider Partner und die faktische Alleinverantwortung Amalies für die Famile, ab 1809 noch erschwert durch wirtschaftliche Bedrängnis. Amalie bleibt zunächst in Weimar: 1803 erlebt sie dort sehr schmerzlich den Tod ihres Bruders Ernst, des väterlichen Freundes Herder und ihrer geliebten Mutter; 1804 bringt sie ihre Tochter Charlotte zur Welt; im Herbst reist sie mit Helvig und in Begleitung ihrer beiden jüngeren Schwestern über Berlin und Stralsund nach Schweden. Nun lebt sie abwechselnd in Stockholm und auf dem schwedischen Landsitz Marienberg, erzieht bereits ihr zweites Kind und schreibt, schreibt gegen die trotz gesellschaftlicher Einbindung zunehmende Einsamkeit. So entsteht die dramatische Idylle „Die Schwestern von Corcyra“ – eine harmonisierte Variante des Lesbos-Epos. Als Amalie brieflich vom Einmarsch der Armee Napoleons 1806 in Weimar erfährt und vom mutigen Einsatz der Herzogin Luise, widmet sie dieser ihr Werk. Das Widmungsgedicht endet mit den Zeilen:

„... Und freudlos mit der liebevollen Brust
Ein göttlich Herz in Schweigen streng verhüllen
Und Einsamkeit: dies kann nur Frauen-Größe.“

Die Herzogin bedankt sich in einem freundlichen Antwortschreiben. Die Nachrichten vom Krieg, vom elenden Zustand ihrer Tante, die, 62jährig, alles verloren hat, steigern Amalies Heimweh und ihre Traurigkeit. Im Jahr 1809, als auch noch die Karriere ihres – dauernd abwesenden – Mannes zu scheitern droht, erkrankt Amalie schwer; immer noch im Fieber bringt sie zwei Monate später ihr drittes Kind, Bernhard, zur Welt. Im Jahr 1810 kehrt sie nach Deutschland zurück. Auf der Durchreise in Berlin, gestärkt schon durch Begegnungen mit den Arnims, Clemens Brentano und Carl-Maria von Weber, trifft sie in einem ziemlich verödeten Weimar ein, das ihrem drängenden Wunsch nach Weiterbildung nicht genügen kann. Karl von Helvigs brieflich geäußerte Idee, Amalie könne doch mit den Kindern zum Kunststudium nach Paris gehen, bleibt, wie viele seiner eigenen Pojekte, ein unerfüllter Wunschtraum.
In diesem dritten Lebensabschnitt mit abwechselnden Aufenthalten in Weimar, in Heidelberg und schließlich endgültig in Berlin muß Amalie von Helvig zunächst für sich, ihre drei Kinder und zwei Schwestern den Unterhalt selbst verdienen; ihr Schreiben wird von einem Mittel der Selbstvergewisserung endgültig zum Überlebensmittel. Mit dem Honorar für die „Schwestern von Corcyra“, die Mitarbeit an Friedrich Schlegels Gelehrtenjournal „Das Deutsche Museum“, die gemeinsame

Herausgabe des Taschenbuches der Sagen und Legenden mit Friedrich De la Motte-Fouqué, einen Band griechischer Idyllen, Beiträge für Knebels „Die Musen der Saale", Fouquets „Der Elfe" und Brockhaus' „Urania" und für weitere Gemälde-, Reisebeschreibungen, Sagen und Gedichte schafft sie der Familie in Heidelberg nach und nach eine Existenzgrundlage. Ab 1811 bleiben von Helvig nicht nur die Nachrichten, sondern auch die Unterhaltszahlungen aus. Der Tod von Amalies Tochter Charlotte im März 1811 übersteigt ihr Maß erträglichen Leids. Ausgehend von einer wehmütig-resignativen Grundstimmung zeigt sich in ihrem Werk seit dieser Zeit eine unübersehbare Hinwendung zu katholisierender Frömmigkeit, die sich stilistisch einfügt in die restaurativen Tendenzen der Spätromantik. Während dem alten Geheimrat von Goethe diese ‚Christkindlichkeit' herzlich zuwider ist, langweilen Amalie seine von ihr als leblos empfundenen theoretischen Abhandlungen, doch bleiben beide in freundschaftlicher Verbindung miteinander. In Berlin, wo sich die Familie nach Helvigs Ausscheiden aus dem schwedischen Militär niederläßt, treffen sie weitere Schicksalsschläge: Ihr Sohn Bernhard stirbt im Jahr 1816, ebenso, schon nach wenigen Lebensmonaten, ihre spätgeborene zweite Tochter. In ihrem Roman „Helene von Tournon" läßt Amalie ihre Hauptperson, ein Hoffräulein der Königin Margarete de Valois, an gebrochenem Herzen sterben.

Der vierte und letzte Abschnitt im Leben Amalie von Helvigs zeigt sie und ihre Familie mit Wohnsitz in Berlin, aufgehoben in der dortigen großen Salonszenerie und auch inmitten eigener vielfältiger, zumeist von ihr selbst initiierter Salongeselligkeit, nunmehr auch befreundet mit Bettina von Arnim. Im Februar 1818, im Alter von 41 Jahren, bringt sie ihre Tochter Dorothea zur Welt. Sie malt und schreibt, unternimmt Bildungsreisen – nach Nürnberg oder in die Dresdner Kunstszenerie –, besucht ihre Heimatstadt Weimar. Frau von Stein hat die Veröffentlichung des letzten bedeutenden Werkes ihrer Nichte, der 1822 begonnenen Übertragung der schwedischen Friedjofsage in ein Vers-Epos, noch miterlebt. Mit einer vorangestellten liebevollen Zueignung an Amalie von Imhoffs alten Kritiker und Lehrer Johann Wolfgang von Goethe erscheint es 1825 in Stockholm und 1826 in Stuttgart und Tübingen. Alle Aktivitäten können schließlich nicht darüber hinwegtäuschen, daß die Lebenskräfte der Dichterin aufgezehrt sind; die Welt ist für sie nur noch *„ein Schattenspiel an der Wand ..."* (6).

Am 17. Dezember 1831, mit 56 Jahren, stirbt Amalie von Helvig, geb. von Imhoff, bis zuletzt gepflegt durch die Freundin Bettina von Arnim, an Erschöpfung und Herzschwäche. um

---

Abb. S. 36 Amalie von Imhoff, aquarellierte Pinselzeichnung, Georg Melchior Kraus, undatiert.

(1) Paul Kühn, Frauen um Goethe, Weimar und Leipzig 1911, S. 59
(2) Ruth Schirmer-Imhoff, Unsere kleine Freundin – Amalie von Imhoff ..., Kleve 1952, S. 18
(3) Dieselbe, a.a.O., S. 7
(4) Ebenda, S. 26
(5) Ebenda, S. 35
(6) Ebenda, S. 70

CHARLOTTE von KALB (1761–1843)

„Zu meiner Erkenntnis gehört Entlaubung – Sturm – Frost – Erstarren; – so vergeht manches für immer und mein Bewußtsein ist nicht das gegenwärtige Leben und nicht das Denken der Vergangenheit." (1)

Charlotte von Kalb, geb. Freiin Marschalk von Ostheim, ist zweifellos eine der interessantesten Frauenpersönlichkeiten der Weimarer Klassik, dort in der geistigen Ausstrahlung vergleichbar mit Charlotte von Stein und mit ihrer unruhig schwärmerischen Empfindsamkeit wie ein Gegenpol zu deren ruhig maßvoller Rationalität. Ihre Weimarer Zeit waren die Jahre 1784 bis 1799, in denen sie – mit Unterbrechungen – die von ihr angemietete zweite Etage des Hauses **Windischengasse Nr. 8** bewohnte. Sie führte zwar keinen regelmäßigen Salon, doch fanden in ihrer Wohnung viele Gespräche und Begegnungen statt und wurden von ihr dort viele Briefe geschrieben, die den Geist und die Atmosphäre Weimars in dieser Zeit prägten und dazu beitrugen, die Stadt als ‚deutschen Musenhort' auch im Ausland bekannt zu machen. Als Charlotte von Kalb Weimar im Jahr 1799 verließ, gab sie die Wohnung aus finanziellen Gründen auf und überließ sie Schiller, der darin dann bis zum Jahr 1802 wohnte (weswegen sich auch bis zum heutigen Tag nicht ihr, sondern ihm zu Ehren eine Gedenktafel am Haus befindet …). In Weimar und auch Jena führte Charlotte von Kalb dank ihrer gehobenen Position als Adlige, und Kraft ihres vielseitigen kulturellen Interesses und ihrer ausgeprägten Begabung für geistreiches Gespräch – eine Reihe bedeutender Persönlichkeiten zusammen. Sie war Gast in allen bedeutenden Zentren der Kunst, Kultur und Geselligkeit, stand in gutem Kontakt zum Hof und zu Persönlichkeiten wie Goethe oder Wieland und pflegte darüberhinaus eine Reihe besonderer Freundschaften, so zu Corona Schröter, Henriette von Knebel und Carl Ludwig von Knebel, zu Karl Hildebrandt von Einsiedel, Charlotte von Stein, Caroline und Gottfried Herder. Bemerkenswerterweise blieb sie auch in der Zeit der heftigsten Weimarer Auseinandersetzungen mit der französischen Revolution mit den beiden glühendsten Verfechtern des republikanischen Gedankens, Knebel und Herder, befreundet, ohne daß sie sich mit Goethe oder auch Charlotte von Stein, die stets die alte Ordnung vertrat, entzweite. Sowohl Charlotte von Stein, die sie als vollkommenste Vertreterin adliger Tugend verehrte, als auch Gottfried Herder, dessen universalistischer Humanismus zutiefst ihrem eigenen Weltentwurf entsprach, blieben in der schweren Krisenzeit, als Schiller sich von ihr zurückzog und (im Frühjahr 1790) Charlotte von Lengefeld heiratete, ihre engsten Freunde.

Ebenso wie Charlotte von Stein bis heute leider immer noch nicht primär durch ihre eigenen Verdienste, sondern als Freundin, Verehrerin und Geliebte Goethes bekannt ist, so Charlotte von Kalb durch den entsprechenden Bezug zu Schiller und später zu Jean Paul. Das ist als Muster kein Einzelfall und wirft ein bezeichnendes Licht auf die geringen Chancen begabter Frauen der Weimarer Klassik, sowohl in ihrem Leben als auch in der nachfolgenden Rezeption an den Setzungen dieser ‚Großen' unbeschadet vorbeizukommen. Es muß daher Spekulation bleiben, ob Charlotte von Kalb in einer anderen Epoche unter anderen Bedingungen als Dichterin oder Denkerin berühmt geworden wäre. Ihre herausragende Bedeutung erkannte schon ihre große Zeitgenossin Rahel Varnhagen: *„Frau von Kalb ist von allen Frauen, die ich je gekannt habe, die geistvollste. Ihr Geist hat wirklich Flügel, mit denen sie sich in jedem beliebigen Augenblick, unter allen Umständen, in alle Höhen schwingen kann; ...“* (2). – Zwischen Rahel Varnhagen und Charlotte von Kalb gibt es im übrigen einige interessante Parallelen. Doch während es der einen gelang, sich im Schreiben die Existenzberechtigung zu verschaffen, die ihr in der sozialen Realität als Frau und Jüdin abgesprochen wurde, blieb die andere, unauflösbarer gebunden an die Grunderfahrung existentieller Unerwünschtheit, lebenslang im tragischen Gestus der eigenen Machtlosigkeit befangen. Ihr blieben die tiefsinnige Dokumentation und das Durchleiden einer tragischen Lebensgeschichte, deren Verdunkelung im Prozeß fortschreitender Erblindung und materieller Verarmung gegenüber sie bis zu ihrem Lebensende ihre geistige Stärke, Empfindungstiefe und Begeisterungsfähigkeit anzubieten hatte – Qualitäten, die teilweise auch noch heute aus den von ihr erhaltenen, über eine Reihe von Archiven von Frankfurt bis Krakau verstreuten, nicht immer leicht lesbaren Schriften, und darin eher den persönlichen als den literarischen Äußerungen, zu entnehmen sind.

Wenn für eine in der Welt kein Platz vorgesehen ist, findet sie auch im Leben schwerlich eine Form für sich. Charlotte von Kalb entstammt väterlicherseits dem Adelsgeschlecht der Marschalk von Ostheim, das zur „reichsfrei unmittelbaren Ritterschaft Landes zu Franken“ gehörte. Ihr Vater war Alleinerbe des seit 1522 in Familienbesitz befindlichen Stammgutes Waltershausen und zwei weiterer großer Güter, Trabelsdorf und Dankenfeld. Als Charlotte am 25. Juli 1761 auf dem Landschloß Waltershausen das Licht der Welt erblickt, sind ihre Eltern – Wilhelmine Rosina, geb. von Stein und der Freiherr Johann Friedrich Philipp Marschalk von Ostheim – entsetzt: nach dem Tod ihres 1759 geborenen ersten Sohnes am Geburtstermin ihres zweiten Sohnes Fritz im Jahr 1760 hatten sie ein Jahr darauf wiederum die Geburt eines Sohnes erwartet. – In ihren Memoiren wird Charlotte von Kalb später die tiefenttäuschte Mutter mit einem Satz zitieren, der sie als unerwünschte Tochter fortan durch ihr ganzes weiteres Leben begleitet: *„Du solltest nicht dasein!“*. Ihre Mutter ist eine fromme und kluge Frau, gebildeter als ihr Gemahl und als es für Frauen ihres Standes damals üblich war, doch kann sie ihrer Tochter die Existenz niemals verzeihen und bevorzugt den einzigen Sohn. Der Vater ist Charlotte deutlich zugetan, aber sein aufbrausendes Temperament – im Verbund mit standesgemäßer autoritärer Strenge – läßt für von ihr ersehnte zärtliche Nähe keinen Raum. Charlotte ist ein hoch empfindsames und schwermütiges Kind, in sich gekehrt und mit einem Hang zum Träumen. Einzig zu ihrem Bruder Fritz hat Charlotte ein angstfreies, liebevolles Verhältnis. Zwischen 1762 und 1766 werden ihre drei Schwestern geboren: Wilhelmine, Eleonore und Caroline. Nur drei Jahre später sind die fünf Geschwister Vollwaisen: Im November 1768 stirbt der Vater, und fünf Monate später stirbt die Mutter. Für Charlotte, die schon in den weiten Räumen von Schloß und Parkanlagen und in der kühlen Familienatmosphäre eher Stoff für Schauergeschichten und Angstphantasien als Geborgenheit fand, beginnt nun erst recht eine Zeit innerer Unbehaustheit. Ihr geliebter Fritz zieht zur standesgemäßen Ausbildung nach Coburg. Die vier Schwestern leben erst einige Monate in Nordheim/Rhön, bei August Philip Freiherr von Stein, dem Bruder der Mutter, und werden ab 1770 auf Ratschluß der Verwandtschaft in die Pflegschaft des Kammerpräsidenten von Türck nach Meiningen gegeben; die Höhe des Kostgeldes beträgt pro Mädchen 160 Gulden, *„Holz, Medikamente, Kleidung, Unterricht müssen extra bezahlt werden."* (3). Für Charlotte bedeutet der Aufenthalt im Hause Türck neben einer belastenden Auseinandersetzung mit den strengen Erziehungsidealen der Pflegemutter Luise von Türck den ersten Unterricht bei Johann Georg Fleischmann, einem klugen, durch die Aufklärung geprägten Geistlichen, bei dem sie – 10jährig – lesen lernt und aus dessen Privatbibliothek sie neben der weltläufigen religiösen auch philosophische Nahrung erhält. Im Haus ihres kranken Onkels Ludwig von Wolzogen lernt sie außerdem die Dramen der französischen Klassik von Racine, Corneille und Voltaire kennen. Durch ihren Kontakt zum Meininger Hof seit 1769, u.a. über den Hofprediger Pfranger und den Bibliothekar Reinwald, erhält sie weitere historische und literarische Anregungen.

Sie entwirft ihre ersten eigenwilligen Lebensvorstellungen. Aus ihren Memoiren geht hervor, daß sie im Gespräch mit ihren zwei Schwestern Eleonore und Wilhelmine den Traum von einem freiheitlichen Leben ohne gesellschaftliche Zwänge und ohne Männer (!) entwickelt und sich lieber in ihre reiche Gefühls- und Phantasiewelt zurückzieht, als sich auf ihre zukünftige weibliche Rolle vorzubereiten.

Nach dem Tod der Pflegemutter wird im Jahr 1779 eine dritte Pflegestelle gesucht und gefunden und wieder ein Vertrag geschlossen, diesmal zwischen dem neu eingesetzten Vormund, dem Legationsrat Friedrich Albrecht von Wechmar, und der Frau Geheimen Rätin von Erffa in Meiningen im Winter 1779. Dies nun bedeutet faktisch – daher auch die weibliche Vertragspartnerin – die standesgemäße Vorstufe zur angestrebten Verheiratung der Schwestern.

Auf einer längeren Winterreise zur Familie Seckendorff in Bayreuth und durch Franken trifft Charlotte endlich ihren Bruder wieder, der inzwischen an der Universität Erlangen studiert, und begründet einen innigen Freundschaftsbund mit ihrer heiteren Cousine Mathilda. *„Keine Verhüllung fand statt, die man Höflichkeit zu nennen pflegte"* (4), heißt es dazu später in ihren Memoiren. Freundschaft gehört, als positiver Gegenwert zur bloßen Scheinhaftigkeit aufgezwungener Adelskonventionen, ins Zentrum ihres Lebensentwurfes. Im realen Leben jedoch steht, auch für ihre Schwestern, erzwungenermaßen das Thema Heiraten oder zumindest ‚weitere Versorgung' auf der Tagesordnung und damit die Konfrontation mit den patriarchalen Gesetzen und der gnadenlosen Raubritter-Praxis feudaler Hausmacht-Politik. ‚Besitzergreifung' lautet das Schlüsselwort dafür. Die infolge einer Verwachsung unattraktive Jüngste, Caroline, wird in ein Fräuleinstift gesteckt, ihre Mitgift soll zugunsten des Bruders eingespart werden, der aber selbst mit diesem Verfahren nicht einverstanden ist. Die sanfte Wilhelmine wird zwangsweise mit dem elsässischen Freiherrn Waldner von Freundstein verlobt, um die von ihr ersehnte Liebesheirat mit einem Bürgerlichen zu verhindern. 1782 ein Jahr nach der Heirat stirbt sie im Kindbett. Auch die heitere und quirlige Schwester Eleonore wird, fast noch ein Kind, Ende 1782 zwangsweise verheiratet: an Goethes Amtsvorgänger, den 35jährigen Kammerpräsidenten Johann August von Kalb, der nach seiner unehrenhaften Entlassung in Weimar eine gute Partie sucht. Er sieht seine Chancen steigen, als der einzige männliche Erbe der Marschalks, Charlottes geliebter Bruder Fritz, im November 1782 plötzlich stirbt, aber noch die Geistesgegenwart besitzt, in einem Testament fürsorglich sein Stammerbe (Allodialerbe) seinen Schwestern zu vermachen. Jedoch sind diese der Besitzgier Johann August von Kalbs schutzlos ausgeliefert. Die Marschalker Vormundschaft willigt in die Heirat ein und bemerkt zu spät, daß auf seinem Gut Kalbsrieth 11000 Reichstaler Schulden liegen. Nun ist auch Charlotte an der Reihe, die inzwischen mit Lorchen und deren Gatten auf dem schwesterlichen Erbsitz, dem Jagdschloß Dankenfeld, lebt. Als im Sommer 1783 August von Kalbs jüngerer Bruder Heinrich dort zu Besuch kommt, der als Offizier in einem Legionärs-Regiment auf der Seite der Aufständischen beim amerikanischen Unabhängigkeitskrieg dabei war, zeigt sich die politisch lebhaft interessierte Charlotte beeindruckt, Zuneigung allerdings oder gar Liebe empfindet sie nicht. Johann August setzt sich schließlich gegen alle Einwände auch ihrerseits durch, und im Oktober 1783 findet die dritte erzwungene Hochzeit statt, deren Zweck Charlotte später in ihren Memoiren klar durchschaut.

Heinrich von Kalb wird als freundlich, aber verschlossen beschrieben, seiner Frau allerdings geistig nicht gewachsen. Als er 1784 in die Garnison zurückkehrt, begleitet Charlotte ihn in die Garnisonsstadt Landau und nach Mannheim, wo sie schließlich allein eine Wohnung nimmt, zum einen, weil sie schwanger ist – sie bringt dort am 8. September ihren ersten Sohn zur Welt – und zum anderen, um am gesellschaftlichen Leben teilzuhaben. In Mannheim trifft sie auf ein kulturelles Angebot, eine ‚Salonszene' und einen Kreis von Menschen, wie sie es sich erträumt hat. Sie befreundet sich mit Sophie von La Roche, der erfolgreichen Autorin des ersten weiblichen Emanzipationsromanes „Das Fräulein von Sternheim", mit Iffland, dem damals berühmtesten Schauspieler in Deutschland, mit dem jungen Schauspieler Beck und mit Friedrich Schiller, dem damals in Deutschland noch unbekannten jungen Dichter. Es ist ihr bleibendes und tragisches Verdienst, das sie dessen herausragendes Talent sehr schnell erkannte. Sie verliebt sich leidenschaftlich in ihn und vermittelt bereits im Dezember 1784 seine Bekanntschaft mit Carl August, um ihm in Weimar eine Stellung zu verschaffen. Schiller seinerseits ist von ihr tief beeindruckt und bespricht mit ihr vertrauensvoll alle seine dichterischen Pläne; auch er ist verliebt, und die Gestalt der Elisabeth im „Don Carlos" beginnt alsbald Charlottes Züge anzunehmen. Es entwickelt sich eine Liebesbeziehung – vom Major von Kalb freundschaftlich geduldet –, in der Charlotte unter erheblichen inneren Kämpfen und auch Auseinandersetzungen mit Friedrich nach außen die Form wahrt, der sie sich in ihrer gesellschaftlichen Position und darin als Frau verpflichtet weiß.

Das ist Schiller auf die Dauer zu anstrengend; er reist fluchtartig ab, um in Leipzig und Dresden seine Karriere zu befördern. Charlotte wird, traurig und ernüchtert durch die Abwesenheit Schillers, das eitle Treiben am Theater und bei Hofe unerträglich. Nachdem sie am 19. April 1786 eine Tochter zur Welt gebracht hat und sie diese knapp zwei Wochen später wieder verliert, zieht sie sich endlich ganz von Mannheim nach Kalbsrieth zurück. Der dortigen traurigen Öde, gesteigert duch Anfälle von Blindheit, entflieht sie mindestens einmal durch einen Besuch in Weimar. Aufgrund der bedrohlichen Zunahme ihrer Sehschwäche begibt sie sich in ärztliche Behandlung, u.a. in Gotha und befreundet sich mit dem Theaterdichter Wilhelm Gotter und dessen Frau Luise Gotter. Die gleichfalls mit den Gotters befreundete Caroline Schlegel-Schelling schreibt später über sie in einem Brief an Luise mit dem ihr eigenen spöttisch-kühlen Scharfblick: *„... sie kann am jüngsten Tag als eine echte Adlige bestehn, und wird so erfunden werden. Über Mangel an Artigkeit habe ich gar nicht zu klagen – allein ihr Geist – und Geist hat sie – ist doch in eine etwas schiefe verrenkte Form gegossen."* [5].
Friedrich Schiller kommt im Juli 1787 nach Weimar, und Charlotte von Kalb führt ihn nach allen Regeln der Kunst in die dortige Gesellschaft ein. Die Liebesbeziehung blüht wieder auf – und Charlotte faßt ernsthaft den Beschluß, sich für eine Verbindung mit ihm von ihrem Mann scheiden zu lassen. Auch Schiller denkt – verbürgt in seinem Briefwechsel mit Körner – zunächst an einen *„zweck-*

mäßigen Lebensplan", möglicherweise sogar zu dritt, ergreift aber ein weiteres Mal die Flucht. In Jena wird er, wiederum durch Charlottes Vermittlung, mit einigen Professorenfamilien bekannt. Die Universitätslaufbahn kommt in Sicht, und entsprechend solide soll nun auch die Gattin dazu beschaffen sein. Die andere Charlotte, die vor kurzem kennengelernte Charlotte Lengefeld, fügt sich viel besser in dieses (neue?) Frauenbild. Hinzu kommt die Aussicht auf ein Dreiecksverhältnis in Gemeinschaft mit der geistreichen Schwester Caroline von Beulwitz, spätere von Wolzogen, die, bei weniger Kompliziertheit als Frau von Kalb, auch genügend geistige Anstöße bietet. Das bekannte Drama nimmt seinen Lauf: Schiller verheimlicht vor Charlotte von Kalb seine Verlobung, und sie erfährt erst durch Dritte von der Hochzeit im Frühjahr 1790. Die Schwestern hat er von vornherein durch Negativdarstellungen gegen sie einzunehmen versucht, eine reale Begegnung lange verhindert. Die Tatsache, daß Charlotte von Kalbs spätere Memoiren an der Stelle abbrechen, als ihre Liebesbeziehung zu Schiller abbricht, spricht für sich selbst. Charlotte verliert fast den Verstand und erleidet Anfälle von Wahnsinn über ihrem Schmerz; sie verbrennt den gesamten Briefwechsel. Drei Dinge erhalten sie am Leben: einige tröstende Freundschaften, die Geburt ihrer Tochter Rezzia im September 1790 und eine weitere, wesentlich von einem Manne bewirkte drohende Katastophe: der finanzielle Ruin der Familie von Kalb und der Verlust des von den Marschalkschen Schwestern eingebrachten Besitzes infolge ungeheurer Fehlspekulationen, verlorener Prozesse, anwachsender Schuldenberge ihres Schwagers August von Kalb.

Charlotte zieht sich nach Waltershausen zurück, sie lebt von jetzt an einvernehmlich von ihrem Mann getrennt. Im Jahr 1792 bringt sie dennoch, in Jena, ein weiteres gemeinsames Kind, ihren Sohn August zur Welt. Die trübe Einöde in Waltershausen wird für ein Dreivierteljahr unterbrochen, als der junge Friedrich Hölderlin als offizieller Erzieher ihres Sohnes Fritz ins Haus kommt. Und als dieser wieder geht, weil er mit dem Jungen nicht zurecht kommt, wendet sie sich in verzweiflungsvoller Leidenschaft und ebenso sicherem Sinn für ein junges Dichtertalent wie für eine weitere eigene Enttäuschung dem kommenden Stern am Literatenhimmel zu: Jean Paul. Sie lädt ihn 1796 nach Weimar ein, und das nächste Drama nimmt seinen Lauf; ganz kühn macht sie ihm, inzwischen 37jährig, im Jahr 1798 in Weimar einen Heiratsantrag. Seine Ablehnung ist bekanntlich noch verschleierter und feiger als die Schillers, weil er seine „Titanide" als Förderin und dichterisches Objekt nicht gern verlieren will. Weniger bekannt und womöglich interessanter ist, daß Charlotte von Kalb in Gesprächen und Briefen mit Jean Paul eine offene Auseinandersetzung über dessen frauenverachtende Grundeinstellung führt und ihm dazu emanzipatorische Texte von Autorinnen aus dem Umfeld der französischen Revolution, wie z. B. Madame de Staël, zu lesen gibt. Das fördert allerdings letztlich nicht seinen, sondern ihren eigenen gesellschaftskritischen Blick: *„... ich kenne nichts Trivialeres, als die Vorstellung unserer meisten Aufklärer, auch Dichter,* *über die Frauen – Wieland – Falk u.a.m. ... ich muß einmal ein Testament für Töchter schreiben, wenn ich einmal so dumm bin, meine eignen Irrtümer zu bekennen. Das Testament der Männer an die Töchter lautet ungefähr so: „Ihr habt kein Recht an[s] Leben, keine Liebe giebt's für euch, ihr werdet verachtet oder genossen. Ihr müßt lieben und einen einzigen beglücken, aber ihr dürft weder Verstand noch Willen haben; ... nicht euer Verlangen allein, auch das unsere wird euch in der Erinnerung als Schuld angerechnet ...“* (6). In der Gestalt der Linda de Romeiro in Jean Pauls „Titan“ wird Charlotte von Kalb auf zweifelhafte Weise ein Denkmal gesetzt, was sie sehr wohl bemerkt. Nach seiner Heirat bleibt auch die Ehefrau Caroline Richter, anders als Lotte Schiller, mit Charlotte befreundet; bis 1821 ist ein freundlicher Briefwechsel belegt.

Im Jahr 1804 ist der finanzielle Ruin vollkommen, nacheinander werden die Schlösser, Wälder und Güter im Steigerwald und in Franken versteigert. Charlottes vorher gefaßtem Scheidungsplan – zur Rettung ihres restlichen Vermögens – kommt dieses Ereignis zuvor. Sie versucht in hektischer Aktivität, den Familienschmuck und die restlichen Bestände des Kalbsriether Weinkellers zu verkaufen, überlegt, ein Pensionat für höhere Töchter zu gründen. Schon 1803 hat sie damit begonnen, einen Roman mit dem Titel „Cornelia“ zu schreiben, das Manuskript dieser „Nonnengeschichte“ läßt sie Schiller zur Begutachtung zusenden, doch das Werk bleibt 40 Jahre lang unvollendet und wird erst im Jahr 1851 von der Tochter Rezzia postum veröffentlicht. Sprachlich und formal ist es heute schwer lesbar, bei aller gedanklichen Fülle erscheinen die Personen und Handlungen merkwürdig konturlos. Doch bietet die „Cornelia“ reichlichen Stoff für eine Auseinandersetzung mit Charlottes tragischem Lebens- und Schaffensmuster der Selbstauslöschung.

Im Juli 1804 geht Charlotte von Kalb mit Rezzia, die sich selbst als Kind schon den Namen Edda gab, vorläufig nach Berlin. Diese Vorläufigkeit währt dann fast 38 Jahre, bis zu ihrem Lebensende. Der verzweifelte Selbstmord ihres durch die Revolution auch noch stellungslos gewordenen Mannes im Jahr 1806 besiegelt das Katastrophenkapitel. 1825 nimmt sich auch noch der Sohn August das Leben. Das neue Kapitel heißt nun: materielle Armut, Alter, Verlust des Augenlichts und dadurch verstärkt: Einsamkeit. In den ersten Jahren versucht Charlotte, sich durch Handel, u.a. mit Tee, Stoffen, Spitzen und Stickereien Eddas über Wasser zu halten und verfaßt Bittschreiben für ein bescheidenes Geschäftsdarlehen an alte Bekannte, die von einigen, z.B. von Charlotte Schiller, nur mit Spott bedacht werden. Schließlich erhält Edda im Jahr 1809 eine Hofdamenstelle bei Prinzessin Marianne, und ab 1820 wird ihrer zunehmend mehr auf Unterstützung angewiesenen Mutter in einer über ihrer Dienstwohnung gelegenen bescheidenen Zelle lebenslängliches Wohnrecht gewährt und auch eine kleine Rente ausgesetzt.

Ruhig wird Charlotte durch die aufgezwungene Stille ihres Daseins nicht: Bis zu ihrem Lebensende bewahrt sie ihr Interesse an kulturellen und politischen Ereignissen – sie steht ganz auf Seiten der Saint-Simonisten – und an literarischen und philosophischen Neuerscheinungen. Sie selbst unternimmt die Abfassung einer Biographie der Teresa von Avila, deren Geschichte und Persönlichkeit sie ebenso wie diejenige Franz von Assisis fasziniert; die Entwürfe sind verschollen. Obwohl ihre Empfindlichkeit und ihr Mißtrauen im Umgang zunehmen, erhält sie weiterhin viel Besuch, sowohl von Dichtern und Philosophen wie Fichte, Schleiermacher, oder dem Hölderlinfreund Isaac von Sinclair, als auch von den ‚Salondamen' vor Ort, Rahel Varnhagen, Bettina von Arnim oder einer Bekannten aus Weimarer Zeiten, Amalie von Imhoff. Die Bettine hat sie im Jahr 1802 im Haus von deren Großmutter, Sophie von La Roche, kennengelernt und sich damals ein wenig in sie verliebt. In ihren letzten Lebensjahren wird sie von der inzwischen berühmtgewordenen Dichterin fast wöchentlich besucht. Eine weitere Familienfreundschaft, die noch über ihren persönlichen Tod hinausgeht, begründet sie mit Fichte. Ein unerwartet dramatisches Ende nimmt die Beziehung zu Jean Paul: in dem vier Jahre nach seinem Tod veröffentlichten Briefwechsel mit einem Freund finden sich intime Details aus Charlottes Leben. Die alte Frau ist maßlos empört und verletzt und verbrennt zum Entsetzen des großen Briefsammlers Varnhagen van Ense ihren eigenen Briefwechsel mit dem treulosen Freund, bevor er in falsche Hände gerät. Nur zögernd und auf das wiederholte Drängen von Varnhagen und Herrmann Fichte beginnt sie im Jahr 1830 mit der Niederschrift ihrer Memoiren „Charlotte", die, niemals vollendet, auch erstmalig postum im Jahr 1851 als „Gedenkblätter für die Freunde der Verstorbenen" von Edda veröffentlicht werden.

Zögernd ziehen innere Ruhe und Versöhnung in Charlottes spätes Alter ein. Sie stirbt schließlich, im Beisein ihrer Tochter, am 15. Mai 1843. Wie Edda dem Freund Herrmann Fichte brieflich berichtet, saß die Mutter wenige Tage vor ihrem Tode noch ungeduldig komponierend über mehreren Textstücken, die sie in ihre „Cornelia" einfügen wollte.

um

Abb. S. 42/43 Charlotte von Kalb, Öl auf Leinwand, J. H. Schmidt, 1785

Abb. S. 46 (Brief): Charlotte von Kalb an Friedrich Schiller, Handschrift, 9. Dezember 1794

(1) Gedenkblätter von Charlotte von Kalb, Charlotte (Für die Freunde der Verewigten), hrsg. von E. Palleske, Stuttgart 1879, S. 196
(2) Rahel Varnhagen, Briefwechsel, hrsg. von Friedhelm Kemp, München 1979, Band IV, S. 307
(3) Ursula Naumann, Charlotte von Kalb, Stuttgart 1985, S. 27
(4) Zitiert in: Ursula Naumann, a.a.O., S. 56
(5) Caroline, Briefe aus der Frühromantik, hrsg. von E. Schmidt, Reprint, Bern 1970, Bd. I, S. 410, Brief vom 25. 12. 1796
(6) Zitiert in: Ursula Naumann, a.a.O., S. 201. – Ch. v. Kalb bezieht sich hier auf Jean Pauls „Privilegiertes Testament für meine sämtlichen Töchter" von 1799

JOHANNA SCHOPENHAUER (1766–1838)

Tatsächlich gibt es in Weimar eine Schopenhauerstraße, nur die wenigsten werden wissen, daß sie nach der Schriftstellerin Johanna Schopenhauer und nicht nach deren frauenhassendem Sohn Arthur benannt ist. Während der griesgrämige Jungphilosoph nur zu gelegentlichen Besuchen nach Weimar kam und vor Ort außer Goethe erst einmal niemanden so recht begeisterte, schuf Johanna sich in Weimar und darüber hinaus von 1806 bis 1813 zunächst durch ihre erste literarische Teegesellschaft und ab 1810 auch durch die erfolgreiche Veröffentlichung zahlreicher eigener Werke einen beeindruckenden Wirkungskreis. Auch wenn Johanna Schopenhauer das Wort ‚Salon' absichtsvoll nicht verwendete, weil es für sie einen unsoliden französischen Beigeschmack hatte, sondern das ihr sittsam klingendere Wort ‚Teestube' bevorzugte, kann sie mit Recht als die wichtigste Vertreterin der Salonkultur in der Phase der Weimarer Klassik bezeichnet werden, in der Anna Amalias und Luise von Göchhausens große Zeiten am Musenhof im Wittumspalais bereits der Vergangenheit angehörten. Und vor allem eröffnete sie in Weimar den ersten bürgerlichen Salon, der sich durch ihre demokratische Grundeinstellung und tolerante Offenheit von den aristokratischen Salons in Weimar durchaus unterschied, weswegen ihm beispielsweise Charlotte von Stein fernblieb. Schon in ihren Hamburger Jahren, zwischen 1793 und 1805, hat Johanna Schopenhauer sich als kultivierte Gastgeberin großer Gesellschaften einen Namen gemacht. Und als ihr von Krankheit und Depressionen gequälter Mann sich im April des Jahres 1805 das Leben nimmt, verkauft die kunstsinnige, selbstbewußte und lebenslustige Frau das große Hamburger Anwesen und wählt, nach einem ersten Weimarer Erkundigungsbesuch im Mai 1806, im Alter von nunmehr 40 Jahren, die Stadt für sich und ihre neunjährige Tochter Adele als neues Lebenszentrum aus. Leider ist das Haus in der **Esplanade** (heute **Schillerstraße 10**, als **Hinterhaus** zum Anwesen des Bergrats Kirsten in **der Windischengasse 13** erbaut (1)), in dem sie im Oktober 1806 für 170 Taler jährlich ihre erste Weimarer Wohnung mietet, ihren Salon eröffnet und die Kriegstage übersteht, heute nicht mehr vorhanden (Abriß im Jahr 1896 für den Neubau des Gewerbehauses). Johannas damalige Vermieterin ist die verwitwete Hofrätin Johanna Caroline Amalie Ludecus (1757–1827), in jenen Tagen als Autorin unterhaltsamer Erzählungen und Romane bekannt; sie wird zu einer der eifrigsten Besucherinnen von Johannas Teegesellschaften. In ihrem Brief an Arthur vom 28. November beschreibt die Gastgeberin hinter der ‚Teemaschine' die Anfangszeit ihres Salons folgendermaßen: *„... Der Zirkel, der sich sonntags und donnerstags um mich versammelt, hat wohl in Deutschland und nirgends seinesgleichen .... Goethe fühlt sich wohl bei mir und kommt recht oft. Ich habe einen eigenen Tisch mit Zeichen-*

materialien für ihn in eine Ecke gestellt. ... Er spricht von allem mit, erzählt immer zwischendurch kleine Anekdoten, drückt niemand durch seine Größe. ... Dann ist immer Meyer und Fernow da, beide auch gar interessant, jeder anders ... Dann kommen die Bertuchs, Dr. Schütze, (...) Dr. Riemer, (...). Das sind die Hauptpersonen, meine gute Ludecus nicht zu vergessen, die unter dem Namen Amalie Berg manchen recht hübschen Roman geschrieben hat, und noch verschiedene Nebenpersonen, die anderswo Hauptpersonen wären. Um halb sechs versammeln sie sich. Wir trinken Tee, plaudern; neue Journale, Zeichnungen, Musikalien werden herbeigeschafft, besehen, belacht, gerühmt, wie es kommt. Alle, die was Neues haben, bringen es mit; die Bardua zeichnet irgendeinen als Karikatur. (...). Die junge Welt musiziert im Nebenzimmer! wer nicht Lust hat, hört nicht hin. So wird's neune, und alles geht auseinander und nimmt sich vor, nächstens wiederzukommen (...)." (2) Eine nähere freundschaftliche Beziehung entwickelt Johanna Schopenhauer zu der Malerin Caroline Bardua und auch zu Luise von Göchhausen, der sie manchen Besuch abstattet. Zu den regelmäßigen Gästen ihres Salons zählen außerdem das Ehepaar Falk, die Familie Wieland, die Sängerin Luise Rudorf (vereh. von Knebel), der Herr von Einsiedel, der Komponist Friedrich Reichardt, die Buchhändlerfamilie Frommann aus Jena und seit Dezember 1807 Zacharias Werner. Für prominenten Besuch von außerhalb wird die Teilnahme an wenigstens einem dieser Teeabende bald obligatorisch. 1807 kommen Bettina Brentano und Achim von Arnim, Clemens Brentano, Carl von Savigny, Friedrich de la Motte-Fouqué, 1808 der Maler Kügelgen, 1809 Wilhelm Grimm. Johanna Schopenhauer gestaltet ihren Salon sehr bewußt nach den Grundauffassungen bürgerlicher Kultur, in der dem Besitz und freien Gebrauch schöner Dinge zur Förderung der Geselligkeit eine zentrale Bedeutung zukommt und in der, wie schon bei Madame Geoffrin, der einzigen bürgerlichen Saloniere in der aufklärerisch orientierten Pariser Kulturszenerie des 18. Jh., die wichtigste Maxime lautet: Über Politik wird nicht gesprochen. In der Situation der militärisch-politischen Niederlage Deutschlands gegen Napoleon im Jahr 1806 und der Ungewißheit über den Fortbestand der eigenen sozialen Stellung wird so durch die Ästhetisierung des Alltags eine begrenzte, heiter-beschauliche und kreative Ruhezone geschaffen, allerdings um den Preis des Verzichts auf jegliches leidenschaftliche Gefühl. So nimmt es nicht Wunder, daß Goethe sich hier, obschon er milden Spott über Johannas geschickt-geschmackvolle Portionierung der Unendlichkeit nicht unterdrücken kann, ausgesprochen wohlfühlt, erlebt er doch in dieser Form der Geselligkeit Übereinstimmung mit der pädagogischen Seite seiner Kunstauffassung und sich selbst ganz unangestrengt als Maestro. Außerdem hat Johanna Schopenhauer Christiane von Goethe im November 1806 die berühmte Tasse Tee angeboten und ihr den Eintritt in die Weimarer Gesellschaft ermöglicht.

Was Johanna Schopenhauer von den meisten ihrer Weimarer Zeitgenossinnen unterscheidet, ist ihr stabiles Selbstwertgefühl, ihre Weltgewandtheit, ihr Ehrgeiz und ihr tatkräftiges Beharren darauf, eigene Wünsche widrigen Umständen zum Trotz zu verwirklichen. Sie verläßt sich auf ihre Bildung, ihre künstlerischen und kommunikativen Talente. Und ihr Haupttalent, nämlich das zur Zufriedenheit, erhebt sie so konsequent zum Programm, daß ihre leidvollen Erfahrungen, auch im Spiegel ihrer eigenen Werke, als tatsächliches Erlebnis kaum ins Gewicht fallen. Ihr Glücksbestreben ist so ausgeprägt, daß sie im Jahr 1814 schließlich sogar den Bruch mit ihrem Sohn in Kauf nimmt, um ungestört ihren Salon führen und mit dem, Arthur verhaßten!, Hausfreund Gerstenbergk zusammenleben zu können. – Auch in anderen Krisensituationen erweist sich Johanna als durchsetzungsfähige, ‚gestandene' Persönlichkeit, so z. B. gleich nach ihrer Ankunft im Oktober 1806 durch ihr mutiges Einschreiten gegen plündernde Angehörige der französischen Truppen und durch ihre vorurteilslose, tatkräftige Hilfsbereitschaft gegenüber Notleidenden, auch verletzten Soldaten. Infolge ihres Verhandlungsgeschicks gehört ihr Haus am Ende zu den wenigen verschonten Plätzen, und an ihrem Teetisch sitzt unter den ranghöchsten feindlichen Offizieren auch Graf Bernadotte, der spätere schwedische König.

Ein Blick auf Johannas Biographie zeigt, daß sie ihre gepflegte, heitere und tolerante Lebensart und ihre Bildung wesentlich ihrem Elternhaus verdankt. Sie wurde am 9. Juli 1766 als Tochter der hoch angesehenen Kaufmannsfamilie Trosiener in Danzig geboren, die im Großkaufmannsstatus zur Oberschicht der Stadt gehörte und in der ein selbstverständliches Interesse an Musik, Kunst, Literatur, Geselligkeit und eine demokratisch-republikanische Gesinnung bestanden. Johanna war schon früh bestrebt, ihr eigenes musisches und sprachliches Talent zu befördern: so lernte sie bei dem von ihr verehrten Lehrer Jameson u.a. auch Englisch. Die spätere Unfreiwilligkeit ihrer Verheiratung mit dem unattraktiven und sehr viel älteren Geschäftsmann Heinrich Floris Schopenhauer anstelle des von ihr gewünschten Malstudiums wertete die 19jährige nach ihrem auch in der Folgezeit bewährten Lebenskonzept in einen Gewinn um, einen Gewinn an Wohlstand und Umgangsformen sowie an Bildung und Erfahrung als Reisende. Johanna begleitete ihren Mann ab 1787 auf ausgedehnten Reisen durch Europa, u.a. durch die Schweiz, Belgien, Holland, Frankreich und in den Jahren 1803 bis 1805 durch England und Schottland. Aus vielen der dort gewonnenen Impressionen gestaltete sie später ihren literarischen Stoff; die Beschreibung der Stadt London zählt bis heute zu ihren beliebtesten Werken.

Floris Schopenhauer liebte und verwöhnte Johanna und erfüllte ihr, nachdem er aufgrund seiner überzeugten republikanischen Haltung Danzig verlassen mußte, den Wunsch, im Jahr 1793 in Hamburg ein großes Anwesen zu kaufen, auf dem sie die von ihr ersehnten gesellschaftlichen Aktivitäten entfalten konnte. So kam sie u.a. auch mit dem Dichter Klopstock, dem Maler Tischbein und Admiral Nelson in Kontakt. Während ihr Mann immer kränker, depressiver und einsamer wurde, steigerte sich bei der Ausrichtung der häufig im Haus stattfindenden Gesellschaften Johannas Lebenslust und ihr Talent zur Salondame. An Floris Schopenhauers tragischem Todessturz gab Arthur daher seiner Mutter die Schuld. – Als Andenken an ihren Mann brachte Johanna nach seinem Ableben ‚für alle Fälle' den ihm als Danziger Großkaufmann vom polnischen König verliehenen Hofratstitel nach Weimar mit, den er selbst zu seinen Lebzeiten nie verwendet hatte.

Daß ihr Schreibtalent auch für eine Karriere als Schriftstellerin taugt, entdeckt Johanna erst in Weimar, und zwar, als sie im Jahr 1808 von dem Verleger Cotta gebeten wird, als Freundin und Vertraute des Bibliothekars und Kunstgelehrten Carl Ludwig Fernow nach dessen Tod ihre Erinnerungen an ihn niederzuschreiben; der kranke Fernow hat nach dem Tod seiner Frau seine letzten Lebensmonate bei Johanna Schopenhauer zugebracht und ist von ihr liebevoll gepflegt worden. Nachdem sie mit der Veröffentlichung im Jahr 1810 unerwartet großen Erfolg hat, setzt Johanna nun im nachfolgenden Jahrzehnt allen Fleiß und Ehrgeiz als Autorin in Gang und bringt es schließlich in der bei Brockhaus 1830/31 erscheinenden ersten Gesamtausgabe auf 24 Bände, gefüllt mit Reisebeschreibungen, Kunstdarstellungen, Erzählungen, Novellen, Romanen und Erinnerungen. Die größte Berühmtheit und literarische Anerkennung erwirbt sie sich durch den 1819 erscheinenden Roman „Gabriele", mit dem sie einen neuen Romantypus schafft, den sog. „Entsagungsroman"; die weibliche Hauptperson trägt stark autobiographische Züge. Johanna schreibt und veröffentlicht noch weitere Romane, u.a. „Die Tante" (1823), „Sidonia" (1827) und „Richard Wood" (1837). Sie wird schließlich, nach Sophie Mereau, die zweite Berufsschriftstellerin in Deutschland, die von ihren Einnahmen leben kann. Bemerkenswert geschickt und modern ist ihre Verhandlungsführung um die Honorare, u.a. mit ihrem Verleger Brockhaus: Sie argumentiert nicht mit der künstlerischen Qualität, sondern mit dem geleisteten Zeit- und Arbeitsaufwand. Ihre Einnahmen als Autorin braucht Johanna um so nötiger, als ihr von Floris ererbtes Vermögen durch ihren großzügigen Lebensstil allmählich zusammenschmilzt. Im Jahr 1814 muß sie dem eben volljährigen Sohn Arthur auf dessen Drängen sein Erbteil von rund 20000 Talern auszahlen. Im Jahr 1819 verliert sie ihr Vermögen durch den Bankrott des wichtigsten Danziger Bankhauses. Da aber Johanna an ihrem Ruf als wohlhabende Angehörige der Weimarer Gesellschaft sehr viel liegt, hält sie, sehr zum Leidwesen ihrer Tochter Adele, noch einige Jahre an einem entsprechenden äußeren Schein fest, auch als längst kein Geld mehr dafür da ist.

Als dann die letzte Samtrobe unerbittlich durchgetragen ist, weiß sie, daß jetzt nur noch der Fortgang aus Weimar helfen kann, ihr Gesicht zu wahren. 1829 gibt sie ihre seit 1813 gemietete Wohnung und damit auch ihren berühmten zweiten Salon am **Theaterplatz 1a** auf und zieht mit Adele ins Rheinland um. Beide leben, bescheidener nun, zur Miete bei Adeles Freundin Sibylle Mertens-Schafhausen, die sie auch finanziell unterstützt, zunächst in deren Landhaus in dem Dorf Unkel und dann in der Stadt Bonn.

1836 beginnt Johanna damit, ihre Autobiographie zu schreiben: *„Erzählen! des Alters liebste Unterhaltung; und warum sollte es nicht sein?"* (3). 1837 gewährt Großherzog Carl Friedrich ihr eine Jahrespension in Höhe von 200 Talern, und die über Siebzigjährige zieht gemeinsam mit ihrer Tochter freudig wieder nach Thüringen zurück. Bis zu ihrem Tode wohnt sie in Jena, nach eigener Darstellung inzwischen eine *„heitre, anspruchslose alte Frau, der man im geselligen Umgange die Schriftstellerin gar nicht anmerkt."* (4). Sie stirbt im Jahr 1838 und wird auf dem Johannisfriedhof in Jena bestattet. Ihrer Tochter Adele hinterläßt sie viele Werke und auch viele Schulden. um

ADELE SCHOPENHAUER (1797–1849)

Für Adele Schopenhauer war es zeitlebens gewiß nicht leicht, neben ihrer dominierenden Mutter als eigenständige Persönlichkeit in Erscheinung zu treten. Weder der in ihren Kinderjahren schon schwerkranke Vater, der zu Depressionen und Wutanfällen neigte, noch ihr im Umgang so schwieriger, empfindlicher und mürrischer Bruder konnten für sie jemals ernsthaft an das strahlende Vorbild der Mutter heranreichen. – Adele wird als phantasiebegabtes junges Mädchen beschrieben, früh in die glänzenden mütterlichen Teegesellschaften mit hineingenommen und dort bald geschätzt als intelligentes und zugleich empfindsames Gesprächsgegenüber, vor allem vom Geheimen Rat Goethe, dem manchmal in der maßvollen Beredsamkeit der Gastgeberin die Leichtigkeit spontanen Esprits und tieferes Gefühl fehlten.

Adele Schopenhauer kommt im Jahr 1806, als neunjähriges Mädchen, nach dem tragischen Selbstmord ihres Vaters zusammen mit ihrer Mutter nach Weimar, während ihr Bruder in Hamburg bleiben muß, um dort seine Kaufmannslehre zu beenden. Durch die Vielbeschäftigtheit ihrer Mutter ist sie häufig sich selbst überlassen. Obwohl es ihr an kontinuierlicher Schulbildung mangelt, setzt sie sich schon in früher Jugend eigenständig mit theoretischen Abhandlungen aus dem Bereich der Na-

---

Abb. S. 50 u. 54 Johanna und Adele Schopenhauer, Öl auf Leinwand (Ausschnitte), Caroline Bardua, um 1810

(1) Vgl. Ute Fritsch, Klassisches Weimar – Wohnorte bedeutender Dichter, Gelehrter, Hofleute, Schauspieler, Musiker und Maler, Jena 1997

(2) Johanna Schopenhauer, Jugenderinnerungen, Tagebücher, Briefe, Berlin 1979, S. 351

(3) Johanna Schopenhauer, Jugendleben und Wanderbilder, Tübingen 1958, S. 6

(4) dieselbe, a.a.O., S. 9

turwissenschaft auseinander, auch mit den ersten Arbeiten ihres Bruders (was ihr u.a. dessen Wertschätzung einträgt). – Mit einer Gabe bezaubert sie ihre gesamte Umgebung: ihrer Kunst des Scherenschnitts. Mit faszinierender Leichtigkeit und Geschicklichkeit, auch mit feinem Witz, vermag sie, Eindrücke augenblicklich bildhaft umzusetzen, z.B. auch, wenn während der Salonstunden Märchen vorgelesen werden. – Dank der engen und leidenschaftlichen Freundschaft mit Ottilie von Goethe, gewinnt sie als junge Frau neben dem Haushalt ihrer Mutter am Theaterplatz 1 einen zweiten Wirkungsbereich, fast eine zweite Heimat: das Goethe-Wohnhaus. Sie geht dort um so lieber ein und aus, als ihr der Rummel um die gerade auf dem Gipfel ihrer Berühmtheit befindliche Mutter herzlich zuwider ist. Der im Goethe-Haus von Ottilie initiierte und gemeinsam mit Adele geführte Salon ist mit seiner Prämisse sinn- und zweckfreier Phantasietätigkeit ein Ort vor allem für die jüngere spätklassische Nachkriegs-Generation; Adele kann unbeschwert ihr musikalisches, malerisches und literarisches Talent entfalten und steuert auch zu dem kurzzeitig bestehenden Salonjournal „Chaos" manch brillanten Bild- und Wortbeitrag bei. – Eines allerdings verbindet sie nicht mit der Freundin: deren rastloser Drang zu unglücklichen Liebesabenteuern mit diversen Herren: in Adeles Lebensgeschichte findet sich weder ein Bräutigam noch ein Liebhaber. Zu Goethe, der sich die Dunkelheiten des Alters wie bekannt durch den Umgang mit begabten jungen Damen zu erhellen weiß, besteht seit Adeles Kindheit ein zartes Freundschaftsband; beide bleiben auch nach Adeles und Johannas Weggang aus Weimar im Jahr 1829 in brieflichem Kontakt miteinander. Aufwendiger Lebensstil und Vermögensverlust der Mutter im Jahr 1819 haben auch vor Adeles Erbteil nicht halt gemacht, und sie kann nur eine kleine Summe für sich retten. Doch erlebt Adele, wie ihren Briefen an Arthur zu entnehmen ist, weniger die drohende Verarmung als den ihr von der Mutter aufgezwungenen Schein der Wohlhabenheit als Bedrückung. – Die Freundschaft mit Sibylle Mertens-Schafhausen, Bankiersfrau, klug, vermögend und unabhängig, enthebt sie schließlich bis zu ihrem Lebensende aller Existenzsorgen. Die Freundin, die Adele liebt, übernimmt nach Johanna Schopenhauers Tod im Jahr 1838 endgültig ihre Versorgung. Beide leben nun zusammen abwechselnd in Italien und im Rheinland. Durch Sibylle macht Adele auch die Bekanntschaft von Annette von Droste-Hülshoff. Sibylle ermuntert Adele zu eigener schriftstellerischer Tätigkeit: Nachdem diese zunächst Johannas Nachlaß herausgebracht hat, veröffentlicht sie nun eigene „Haus-, Wald- und Feenmärchen", den Roman „Anna" (1845) und „Eine dänische Geschichte" (1848). Zwar sind diese Werke heute vergessen, doch lebt Adeles schriftstellerische Begabung sichtbar weiter in ihrem noch vereinzelt zugänglichen Briefwerk.

Im Jahr 1849, mit 52 Jahren, stirbt Adele Schopenhauer, nach einer längeren qualvollen Zeit der Krankheit, an Krebs, bis zuletzt gepflegt von ihrer Freundin. Ihr Grab befindet sich in Bonn. um

Abb. siehe Beitrag Johanna Schopenhauer

CHARLOTTE Freifrau von STEIN (1742–1827)

Charlotte von Stein gehörte zu den wichtigsten und beständigsten Trägerinnen weiblicher Salonkultur der Weimarer Klassik.

Das **Haus der Frau von Stein** an der **Ackerwand 25/27** war ein offenes, Wissenschaft, Kunst, Kultur und Geselligkeit beförderndes Haus, in dem u.a. auch die sonst so zurückhaltende Herzogin Luise häufiger anzutreffen war. Und wiewohl sie die Treffen der verschiedenen ihr zugeneigten Kreise und Persönlichkeiten nicht an feste Termine und Rituale band, wie beispielsweise Luise von Göchhausen mit ihren Freundschaftstagen, wurde ihr blaugekachelter Teetisch, an warmen Tagen unter den blühenden Orangenbäumen vor dem Hauseingang plaziert, in Weimar zu einem Symbol kultivierten Gespräches und freundschaftlicher Begegnung. Die Dame des Hauses wußte die höfische Einflußsphäre, an die sie nur für kurze Zeit, von 1758 bis 1764 als Hofdame Anna-Amalias direkt gebunden war, zeitlebens durch ihren vollendeten Anstand, ihre Bildung, Klugheit und ihre menschliche Anteilnahme mit Gott und der Welt und mit ihren eigenen reichen Talenten und Interessen zu verknüpfen. Der Herkunft nach Aristokratin, wurde sie früh mit den sozialen Bedingungen konfrontiert, die für so viele weibliche Angehörige des Adels in dieser turbulenten Zeit zum Alltag gehörten: mit Verarmung infolge von Verschwendungssucht, Fehlinvestitionen, Erbstreitigkeiten ihrer männlichen Angehörigen. Ebenso wie ihre Mutter gewann sie daraus nüchternen Realitätssinn, Couragiertheit und eine skeptische Aufmerksamkeit für den Unterschied zwischen Schein und Sein. Ihr Blick war außerdem beizeiten geschärft für die gesellschaftliche Benachteiligung der Frauen; das beweisen sowohl entsprechend scharfsinnige, oft trocken-ironische Bemerkungen in ihrer Korrespondenz, insbesondere derjenigen mit Lotte Schiller, als auch Charaktere und Konstellationen in ihrem dramatischen Werk: *„Ich glaube, daß, wenn ebenso viel Frauen Schriftstellerinnen wären, als Männer es sind, und wenn wir nicht durch tausend Kleinigkeiten in unserer Haushaltung herabgestimmt würden, man vielleicht auch einige gute darunter finden würde, denn wie wenige gute gibt es heute unter den Autoren ohne Zahl."* (1).

Ihr Vater, der Weimarische Hofmarschall Johann Wilhelm Christian von Schardt, ein eitler und rechthaberischer Mann, hatte das ansehnliche Vermögen ihrer Mutter Konkordia, geborene Irving, mit bedenkenlosem Egoismus vertan, diese aber dafür in siebzehn Ehejahren mit elf Schwangerschaften beglückt und über seinen Tod im Jahr 1790 hinaus mit einem Schuldenberg, dem sie und ihre Kinder ein bleibend spartanisches Leben verdankten. Konkordia verkaufte zur Schuldentilgung nach seinem Tod denn auch gleich alle wertvolleren Bestandteile des Hausrates und dazu noch Haus und Garten; zwar war das **Schardt'sche Haus** in der **Scherfgasse 3** (ehemals Schwarzenfelsisches Haus), in dem Charlotte schon aufgewachsen war, als es noch den Status einer dem Vater vom Herzog zugewiesenen Dienstwohnung innehatte, seit 1756 in Familienbesitz gewesen, doch die Konkordia vom Hof ausgesetzte Rente reichte nur für eine kleine, enge Wohnung in der Schloßgasse, wo sie sich, dank ihrer festen Verankerung im lutherischen Glauben, mit souveräner Heiterkeit noch durch Näh- und Flickarbeiten etwas dazu verdiente. Es ist also kein Wunder, daß ausgerechnet von ihrer Tochter Charlotte, die weit über Weimar hinaus als die Inkarnation höfischer Lebensart galt, später berichtet wird, sie sei mit der Verwüstung und Plünderung ihres Hauses durch napoleonische Soldaten in den Jahren 1806 und 1813 und mit ihrer daraus resultierenden bitteren Verarmung so würdevoll umgegangen wie sonst niemand aus dem höfischen Umfeld in dieser Zeit.

Charlotte von Stein gehört zu den wenigen adligen Damen der Weimarer Klassik, denen ihre Heirat im Vergleich mit ihrem vorherigen Stand, mehr Freiheit als Abhängigkeit bringt. Allerdings wird ihre zarte körperliche und psychische Verfassung durch sieben schwere Geburten und den raschen Tod aller vier zur Welt gebrachten Mädchen in den ersten zehn Jahren der Ehe nachhaltig geschwächt; ihr Leben lang wird sie an Erschöpfungszuständen leiden, an plötzlichen Anfällen von Ohrensausen, Migräne, Zahnschmerzen und Melancholie und später auch an Taubheit. Sie erkennt sehr wohl das Unrecht und den Zwang, welche in den Rollenzuweisungen an die Frauen liegen und will diese nicht akzeptieren: „*... schwer lag der Gedanke auf mir, warum die Natur ihr halbes Geschlecht zu dieser Pein bestimmt habe. Man sollte den Weibern deswegen viele andere Vorzüge des Lebens lassen, aber auch darin hat man sie verkürzt, und man glaubt nicht, wie zu so vielen tausend kleinen Geschäften des Lebens, die wir besorgen müssen, mehr Geisteskraft muß aufgewendet werden, die uns für nichts angewendet werden, die uns für nichts angerechnet wird, als die eines Genies, der Ehre und Ruhm erntet.*“ (2). So ist es kein Wunder, daß sie auch ein gespanntes Verhältnis zu Sexualität entwickelt. Der ihrer Rolle geschuldeten schweren Hypothek zum Trotz aber gestaltet sie sich das Leben nach den eigenen Wünschen und Neigungen.

Da sie, obschon hochbegabt, in ihrer Jugend die übliche strenge, aber oberflächliche und „*einseitige musische Mädchenbildung für den Hofgebrauch*“ (3) erhalten hat, hungert sie ihr Leben lang nach systematischem Wissen. Sie beschäftigt sich mit den neuesten literarischen und naturkundlichen Schriften, zeichnet, musiziert, philosophiert, lernt, umgibt sich mit den Menschen ihrer Wahl, empfängt Besuch, macht Besuchsreisen – und schreibt. Die Klarheit begrifflichen Denkens versucht sie durch das Anfertigen von Übersetzungen zu schärfen, z.B. von Schriften Rousseaus. Frauenfreundschaften – zu Lotte Lengefeld, verh. Schiller, zu Großherzogin Luise, später auch zu Henriette von Knebel und Charlotte von Kalb – spielen für sie eine wichtige Rolle. Zu den ‚großen Männern' ihrer Zeit sieht sie nicht bewundernd auf, Schwärmerei ist ihr fremd, sondern versucht, sie als

Gesprächspartner zu gewinnen, um von ihnen zu lernen und mit ihnen zu denken. Das ist auch die Grundlage ihrer bis ins Alter reichenden Freundschaft mit Karl von Knebel, mit dem sie z.B. Diskussionen über die Beschaffenheit des Kosmos oder über die Seelenwanderung führt, nachdem sie sich mit der Philosophie Spinozas auseinandergesetzt hat.

Ihr Mann, Freiherr Josias von Stein, ist Grundherr des Gutes Großkochberg, was ihr von Anbeginn der Ehe einen zweiten Wirkungskreis eröffnet und Distanz zum Weimarer Hof ermöglicht. Als Josias der 22jährigen Charlotte im Frühjahr 1764 die Ehe anträgt, ist er, mit 2000 Talern Jahresgehalt, bereits seit einem Jahr Oberstallmeister im Dienst des jungen Erbherzogs Carl August, und damit für Charlotte zweifellos eine gute Partie. Beide beherrschen die höfische Etikette mit perfekter Leichtigkeit, beide können ausgezeichnet tanzen; sie müssen bei Hofe ein ausnehmend schönes Paar gewesen sein. Charlotte besticht durch ihre Klugheit, ihr apartes Gesicht mit den großen dunklen Augen, ihre grazile Gestalt und ihre schwebende Gangart ziehen die Blicke auf sich. Und auch Josias von Stein wird als besonders gutaussehend beschrieben; dazu ist er vielseitig gebildet, musikalisch begabt, von geradlinigem Charakter und mit Takt und Herzenswärme ausgestattet – Eigenschaften, die die sich ihres Wertes und ihrer Ansprüche wohl bewußte Charlotte in seiner Anwesenheit ebenso zu schätzen weiß wie die Freiheit, die sie während seiner häufigen Abwesenheit infolge seiner überaus anstrengenden Dienstverpflichtungen bei Hofe genießt.

Als der in Weimar hochgeachtete Freiherr von Stein nach einem aufopferungsvollen Dienst und nach einem fünfzehn Jahre währenden quälenden Kopfleiden als Spätfolge eines Reitunfalls im Jahr 1793 stirbt, hat die sieben Jahre jüngere Freifrau von Stein noch 34 weitere Lebensjahre vor sich. Allerdings fällt ihr das Leben in dieser Zeit, bei aller ‚Contenance', nicht gerade leicht, weniger aufgrund ihres Witwenstandes, sondern weil sie mit dem Ende der Liebesbeziehung zu Goethe fertig werden muß. Und obwohl sie die furchtbarsten Niederungen der Enttäuschung, des verletzten Stolzes und der Verlassenheit, die Goethe ihr durch seine Abwendung bereitet hat, schon durchlitten hat, und gerade damit beginnt, ihren Groll kreativ umzusetzen, ist sie noch lange nicht damit fertig. Verlauf und Ende der Beziehung zwischen Charlotte von Stein und Johann Wolfgang von Goethe sind zumeist bekannt (wenngleich meist zu einseitig unter der Überschrift: weiblicher Kultivierungsversuch einer männlichen Naturgottheit): Sie haben sich Ende 1775 kennengelernt, und ihre intensive Freundschaft, die sie in Weimar vor niemandem verheimlichen und über die bei Hofe vor allem die mit Charlotte von Stein eng befreundete Großherzogin Luise ihre schützende Hand hält, währt ungebrochen bis zu Goethes plötzlicher Abreise nach Italien Anfang September 1786. Nach seiner Rückkehr kommt es im Jahr 1788 zur Trennung. – Von Interesse für einen spezifisch weiblichen Betrachtungswinkel ist zum einen Charlotte von Steins Instrumentalisierung durch Goethe als ‚Spiegel des Künstlers', wie das in seinen Briefen und Reisetagebüchern aus Italien an sie geschieht, und zum anderen, und das ist entscheidender: ihre eigene intellektuelle und künstlerische Entwicklung als Autorin. Dabei geht es nicht um eine Leugnung der zentralen Bedeutung Goethes in ihrem Leben, sondern um die Belüftung ihrer einseitigen Rolle als seine ,unsterbliche Freundin'. Nach ihrer Matinee „Rino", einem Stück zum Thema ,Treulosigkeit', verfaßt nach der Trennung von Goethe, wagt sie sich Im Jahr 1794, stark zweifelnd am eigenen literarischen Können, an die Tragödie „Dido", in der sich bereits ihr Bruch mit den Kunstidealen der Klassik abzeichnet. Entgegen Schillers Drängen weigert sie sich standhaft, ihre „Dido" zu veröffentlichen. Das besondere an diesem Stück ist, neben der urkomischen Karikierung Knebels in der Gestalt des Philosophen Dodus und Goethes in der Gestalt des rundbäuchigen Dichters Ogon, die von ihr gewählte Version des Dido-Mythos. Eine humanistisch verfaßte, sich auf Frauenfreundschaft gründende weibliche und eine als barbarisch gekennzeichnete männliche Ordnung prallen aufeinander, und das Resultat ist nicht die auf Kosten weiblicher Autonomie stattfindende läuternde Versöhnung wie in Goethes klassischer Iphigenie-Präsentation, sondern der unversöhnliche Opfertod der karthagischen Königin Dido. Den tatsächlichen Bruch mit der Klassik vollzieht Charlotte von Stein mit ihrer Wendung von der Tragödie zur Komödie, immer auch gegenanschreibend gegen eine zunehmend resignative Verfaßtheit. 1798 heißt es in einem Brief an ihren Lieblingssohn Fritz: *„... ich schreibe eine Komödie; denn je älter man wird, je lustiger muß man sich das Leben lassen vorkommen."* (4). Zunehmend finden sich im Spätwerk Charlotte von Steins ironisch-satirische Töne, immer bewußter und selbstbewußter grenzt sie sich von der ,hohen Kunst' ab, immer kritischer auch werden ihre Bemerkungen über die Arroganz der Dichterfürsten Goethe und Schiller. Spöttisch kommentiert sie ihre Sicht in einem Brief an letzteren: *„Ich denke freilich nicht wie eine Poetin, sondern hausmütterlich."* (5). Unterstützung von weiblicher Seite bei ihren literarischen Projekten findet sie in dieser Zeit bei Caroline von Wolzogen. 1799 beendet sie ihre erste Komödie „Neues Freiheitssystem oder die Verschwörung der Liebe", 1800 zwei weitere Komödien. Mit der einen, „Die zwei Emilien", erlebt und genießt sie das Vergnügen, durch ihr Schreiben auch noch Geld zu verdienen; 1803 erscheint das Stück, durch Schillers Vermittlung, anonym bei Cotta.

Aus ihrem Haß gegen Napoleon hat Charlotte von Stein nie ein Hehl gemacht, und als Napoleon im Jahr 1814 nach dem Sieg der gegen ihn Verbündeten abdankt, ist ihr das eine tiefe Genugtuung. Sie lebt inzwischen, im Verborgenen neben Großherzogin Luise als Wohltäterin wirkend, unter mehr als bescheidenen Bedingungen. Um beim Abzahlen der Zinsschuld ihres glücklosen Herzenssohnes Fritz zu helfen, gibt sie schließlich sogar ihren eigenen Haushalt auf und läßt sich schlichte Mahlzeiten vom Speisehaus kommen. Zu Goethe besteht wieder freundschaftlicher Kontakt und auch andere Freunde, wie z. B. die Prinzessin Caroline kommen sie besuchen. Doch führt die inzwischen über

70jährige einen Kampf gegen ihre eigene innere Vereinsamung. Zunehmende körperliche Gebrechen und ein schwermütiger grüblerischer Sinn belasten ihre letzten Lebensjahre.
Charlotte von Stein stirbt schließlich, in aller Stille, im Januar 1827. Sie wird auf dem neuen Friedhof (heute: Historischer Friedhof) bestattet. Schon sechzehn Jahre zuvor hatte sie für sich selbst, mit der ihr eigenen Ironie, folgende Grabinschrift vorgeschlagen:

„SIE KONNTE NICHTS BEGREIFEN,
DIE HIER IM BODEN LIEGT,
NUN HAT SIE'S WOHL BEGRIFFEN,
DA SIE SICH SO VERTIEFT." (6)

um

Abb. S. 56 Charlotte von Stein, Silberstiftzeichnung, Selbstbildnis, verschollen, Aufnahme nach Originalfoto von 1887

(1) Brief an Charlotte Schiller vom 24. Nov. 1798, in: Charlotte Schiller und ihre Freunde, hrsg. v. Ludwig Ulrichs, Stuttgart 1862, Bd. 2, S. 331
(2) Brief an Charlotte Schiller Ende Mai 1796, vgl. Anmerkung 1, a.a.O., S. 310
(3) Anne Fleig in einem Essay über Weimar und das dramatische Werk der Charlotte von Stein in: „Ihr werten Frauenzimmer, auf!" – Frauen in der Aufklärung, hrsg. v. Iris Bubenik-Bauer und Ute Schalz-Laurenze, Frankfurt 1995
(4) Zitiert in Heinrich Dünzer, Charlotte von Stein, Goethes Freundin, Stuttgart 1874, Bd. 2, S. 94
(5) Brief an Charlotte Schiller vom 2. Nov. 1796, vgl. Anm. 1, a.a.O., S. 315
(6) Brief an Karl von Knebel vom 18. Mai 1811, in: Stunden mit Goethe, hrsg. v. Wilhelm Bode, Berlin 1911, Bd. 7, S. 93

CAROLINE von WOLZOGEN (1763–1846)

Die erste Zeile des Spruches auf Caroline von Wolzogens Grabstein auf dem Historischen Friedhof in Jena lautet: „SIE IRRTE, LITT, LIEBTE."
In Briefen von Freundinnen und Freunden ihrer Zeit, wie z. B. von Wilhelm von Humboldt, ist immer wieder von Carolines reichen emotionalen und geistigen Gaben die Rede und von ihrer Tragik, diese nicht ausleben zu können, vor allem nicht in einer Partnerschaft, in der das Gegenüber diese Gaben nicht zu schätzen weiß und Entsprechendes zu erwidern vermag. Und in der Tat böte die Lebensgeschichte der Caroline von Wolzogen beim ersten Hinsehen im wesentlichen unglückliche Aspekte, wäre da nicht, quasi als Gegengewicht, ihr reiches literarisches Werk, das den Dichterkönigen Goethe und Schiller zu Zeiten Zweifel daran eingegeben haben muß, ob ihre Formel vom „Dilettantismus der Weiber" auch auf diese Autorin zutraf. Immerhin war Caroline von Wolzogens erster, 1798 in Berlin komplett veröffentlichter, zweiteiliger Roman „Agnes von Lilien", der vorher schon in Auszügen in Schillers „Horen" erschienen war, auf Anhieb ein Erfolg; viele, nicht nur Laien, vermuteten Goethe als Autor dieser anonymen Edition. Sowohl literarisch als auch biographisch gehört Caroline von Wolzogen, ähnlich wie Sophie Mereau, in eine Art Zwischensphäre zwischen Klassik und Romantik. Es

ist bekannt, daß die scharfsinnige und spottlustige Caroline Schlegel-Schelling, die Seele des Jenaer Frühromantik-Kreises, sich mit begeisterter Anerkennung über den Roman äußerte.

Caroline von Wolzogen hat auf ihrem Lebensweg vornehmlich in Thüringen Spuren hinterlassen, und zwar in Rudolstadt, Bad Lauchstädt und vor allem in Jena und Weimar. Zunächst finden wir sie in Rudolstadt, wo sie 1763 als erste Tochter der Louise von Lengefeld geboren wird, im Jahr 1766 kommt dann ihre Schwester Charlotte zur Welt. Nach dem frühen Tod ihres Vaters, der als Oberlandjägermeister die Familie ernährt hatte, wird sie von ihrer Mutter Luise im Alter von 16 Jahren mit dem Hofrat Ludwig von Beulwitz verlobt, der dieser aufgrund seines Standes und seiner Fähigkeit, die Familie finanziell über die Runden zu bringen, als eine gute Partie für ihre Tochter erschien. Standesgemäß gebildet und mit dem Rudolstädter Fürsten befreundet, bringt er es sogar bis zum Vizekanzler und Fürstenerzieher, doch können diese äußeren Qualitäten nicht darüber hinwegtäuschen, daß er für Caroline in der Ehe zum Alptraum wird. Er hat keinerlei Sinn für ihr empfindsames Gemüt, ihre so ganz anders gearteten Lebensträume und ihr tiefes literarisches Interesse; in der Familie Lengefeld wird er „der Bär" genannt, und Caroline entwickelt mit steigender Aversion gegen ihn einen nervösen Tick, eine Art von Gesichtszucken. Eine längere Reise in die Schweiz, von der Mutter initiiert, um Charlotte für eine Hofdamenstelle in Weimar den nötigen Französisch-‚Schliff' zu verpassen, wird für Caroline zum Schlüssel zur Welt; zu Besuch bei Wilhelmine von Wolzogen in Bauerbach, Schillers erstem Asyl, lernt sie deren Sohn, ihren Vetter Wilhelm von Wolzogen als Freund Friedrich Schillers kennen. Zurück in Rudolstadt werden die Reiseerinnerungen zum Lebensmittel. Um der Eintönigkeit Rudolstadts zu entkommen, unternehmen die beiden Schwestern häufig Ausflüge nach Weimar, erweitern so ihre gesellschaftlichen Kontakte. Sie erhalten, u.a. durch Lottes Freundin, Frau von Stein, wissenschaftliche und literarische Anstöße, nehmen Lektüre mit nach Hause, lesen eifrig, machen Abschriften davon oder fertigen Übersetzungen an, wie z.B. von Werken der französischen Aufklärung – und setzen sich brieflich damit auseinander. 1787 kommen Wolzogen und Schiller zu Besuch. Die nachfolgenden Begegnungen und der Briefwechsel mit Schiller zwischen Rudolstadt, Volkstädt und Jena, bedeuten für Caroline gleichermaßen einen Höhenflug ihres Geistes, ihrer Phantasie und ihrer Leidenschaft. Alle Träume scheinen sich zu erfüllen: *„Im Gang des Lebens ist's mir doch eigentlich zur Natur geworden, mich selig in der Liebe und Vereinigung zu dem Schönen und Trefflichen zu fühlen, und das Gemeine gemein sein zu lassen, ohne es schlecht zu finden … Also ist doch meine jetzige Existenz sehr genußreich, dank dem ewigen Schicksal und den Wesen, deren Schönheit mein Herz erfüllt!"* [1]
Doch die Realität sieht anders aus: Schließlich ist sie noch verheiratet, und Schiller, der keine seelenverwandte Dichterin, sondern eine tüchtige Hausfrau ehelichen möchte, macht ihrer Schwester einen Heiratsantrag. Caroline verzichtet tapfer darauf,

ihre Liebe auch zu leben, vor allem, um ihre Schwester nicht zu verletzen, und zieht sich unter Aufbietung aller Willenskraft auf die Rolle als geistreiche Gesprächspartnerin zurück, in der zumindest für ihre literarische Begabung Platz ist. Friedrich Schiller, inzwischen Geschichtsprofessor in Jena und in seinen Gefühlen durchaus ambivalent, begreift als letzter – erst längst nach der Eheschließung – daß nicht zwei Frauen mit ihm leben können; von den Dramen, die sich in Carolines Innerem abspielen, begreift er freilich nichts. Caroline zieht endlich weg von Jena, zieht sich zurück, schreibt. Weil auch der Freiherr Karl. Th. von Dalberg, Freund und Mäzen Schillers, sie nur zur Gesprächs- und nicht zur Lebenspartnerin möchte, kommt Caroline schließlich auf Wilhelm von Wolzogen zurück, Brieffreund seit der Schweizer Reise. Da ihr die Ehe mit Beulwitz vollkommen unerträglich geworden ist, begibt sie sich auf eine Reise zu Wolzogen, um diesen für sich zu gewinnen; er hatte sich bereits in Bauerbach in sie verliebt. Beide heiraten im Jahr 1794 – keine Liebesheirat, aber das Ergebnis einer Übereinkunft. Wolzogen wird 1797 Kammerrat bei Herzog Carl August, bis 1804 steigt er zum Leiter des „Auswärtigen" auf.

Caroline wohnt nun für lange Jahre in Weimar, im **Wolzogenschen Freihaus am Burgplatz 5**. Sie wird zum Mittelpunkt eines kleinen Kreises geistreicher Geselligkeit mit dem Ehepaar Humboldt, mit Schiller, Herder Fichte, Schelling, Dalberg und Gästen wie Madame de Staël und Benjamin Constant. – 1836 wird das Haus für den Neubau der Hauptwache abgerissen, Caroline zieht wieder nach Jena. Sie bleibt der Schillerschen Familie, die seit 1798 auch in Weimar wohnt, nahe, unterstützt ihre Schwester, wo sie kann, auch bei der Sorge um die Kinder. Die Freundschaft zu Charlotte von Stein intensiviert sich durch die schriftstellerische Tätigkeit beider Frauen. Carolines eigenes Familienleben jedoch gestaltet sich weiterhin tragisch: Wilhelm hat schon länger ein Lungenleiden und erkrankt auch noch an einem Nasenkarzinom; als Kranker macht er Caroline nun bis zu seinem Tod im Jahr 1809 das Leben zur Hölle. Ihr Sohn Adolph, geboren 1795, den sie sehr liebt, aber wohl auch allzu sehr verwöhnt hat, leidet als junger Mann an schweren Depressionen und stirbt mit 30 Jahren durch einen Gewehrschuß (ungeklärt, ob durch eigene Hand).

Das Schreiben wird für Caroline mehr und mehr zum Lebensinhalt. Zunehmend gefällt ihr, daß sich damit auch Geld verdienen läßt. Sie hat, ebenso wie Sophie Mereau, anonym für Schillers Zeitschriften „Thalia" (1786–1791), „Neue Thalia" (Winter 1791/92), „Horen" (1795–1797) eine Reihe von Beiträgen verfaßt; im Winter 1792 erscheint von ihr „Der leukadische Fels", 1798 „Agnes von Lilien". 1826/27 bringt Cotta zwei Bände mit Erzählungen heraus und 1830 ihre Biographie „Schillers Leben". Im Jahr 1828 hat sie auf Cottas Ersuchen hin mit der Arbeit begonnen und wird nun durch diese ein zweites Mal berühmt. Ihr Spätwerk, der zweiteilige Roman „Cordelia", erscheint 1840 bei Göschen in Leipzig.

Als sie im Alter von 83 Jahren in Jena stirbt, hinterläßt sie eine ganze Reihe unvollendeter Werke und Entwürfe für weitere literarische Vorhaben sowie einen reichen Briefwechsel. 1867 wird in Leipzig ihr literarischer Nachlaß veröffentlicht, 1879 in Stuttgart der Briefwechsel zwischen „Schiller und Lotte", in dem sie mit einem bedeutenden Briefanteil als Dritte im Bunde in der entsagungsvollen Position verbleibt, die sie auch im Leben innehatte.

um

Schiller und Lotte
Ein Briefwechsel. Herausgegeben von Alexander von Gleichen-Rußwurm
...Band

Schiller an Lotte und Karoline [80]

[Rudolstadt, Ende September]

Sie haben mir gestern recht viel Freude gemacht und zurückgelassen. Haben Sie Dank dafür. Ich hoffe, daß der Regen Sie nicht sehr getroffen habe

Hier ist einstweilen der e
was mir sonst von Büchern, d
gefallen ist. Haben Sie nun
wieder etwas zum Lesen.

Lotte an Schiller

[Rudolstadt, an d

Ich muß Ihnen auch n
und eine gute Nacht wün
denken und die Kuchen,
unter uns zu versetzen. Ich sitze eben und lese meiner M
vor; es ist ein einsamer, trauriger Abend, deren wohl
manche in der Welt so kommen könnten. Man muß sic
alles in dem Leben vorbereiten, sagt die Weisheit.
herzlich gute Nacht, meine Mutter grüßt Sie schön. Ich
der Backen soll doch heute Nacht so gut werden, daß w
Sie morgen sehen. Adieu. Schlafen Sie wohl. Ich hab
heute einen Höflichkeitsbesuch abgelegt, und dort über Lavat
gestritten.

Karoline und Lotte an Schiller [84]

[Rudolstadt, an demselben Tage, wie Nr. 83]

Es schmerzt mich recht, Sie noch immer krank zu wissen, ich hatte gute Hoffnung aus Ihrem langen Schlafen geschöpft. Ich weiß noch nicht, ob ich meine Reise nach K. heut antreten werde, angemeldet bin ich. Der Himmel erhalte Ihnen die Geduld! ich möchte, wir könnten Ihnen etwas von der unsern leihen. Daß man sich doch im Grund so wenig sein und helfen kann. Adieu, adieu!

Karoline an Schiller [112]

Rudolstadt, 18. November 1788

Seien Sie gegrüßt von ganzer Seele, mein teurer Freund! Dies ist der erste Gruß, der durch einen so weiten Weg zu Ihnen gelangt. Das Gefühl Ihrer Entfernung bleibt immer lebendig in mir, tausend Erinnerungen, tausend liebe Gewohnheiten werden es. Ach, ich kenne keinen Ersatz für das, was Sie meinem Leben gegeben haben! so frei und lebendig existierte mein Geist vor Ihnen! So wie Sie hat es noch niemand verstanden, die Saiten meines innersten Wesens zu rühren — bis zu Tränen hat es mich oft bewegt, mit welcher Zartheit Sie meine Seele in trüben Momenten gepflegt, getragen haben. — Wie nötig ist es mir in der Hoffnung zu leben! Erinnerung allein würde mein Herz zerreißen, aber

---

Abb. S. 60 Caroline von Wolzogen, Aquarell, Friedrich Remde, 1847

(1) Schiller und Lotte, ein Briefwechsel, hrsg. von Alexander von Gleichen-Rußwurm, Jena, 1908, Bd. 1, Karoline an Schiller, Brief vom 10. Dez. 1788

Literatur: Carmen Kahn-Wallerstein, Die Frau im Schatten, Bern und München 1970

3. Rundgang

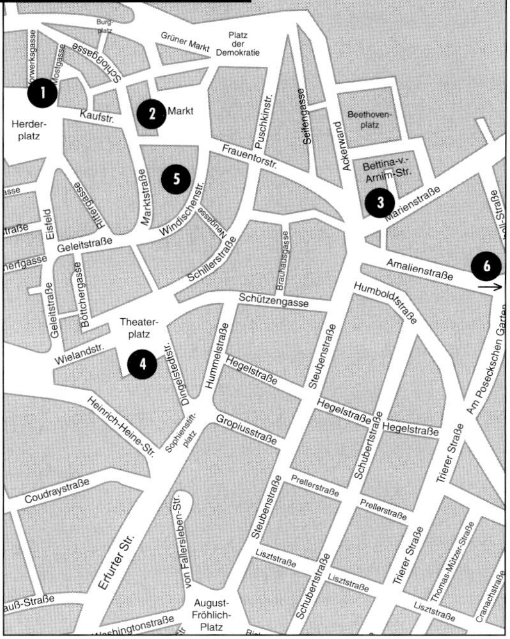

1. **Herderplatz 9/Vorwerksgasse, Heygendorfsches Haus:** Wohnsitz von Caroline Jagemann (davor: Deutschritterhaus)
2. **Markt 8, Schrickelsches Haus:** Wohnsitz von Corona Schröter
3. **Marienstraße 3 und 5, Jägerhaus:** Wohn- und Wirkungsstätte von Caroline Bardua, Angelica Facius und Louise Seidler
4. **Deutsches Nationaltheater:** ehem. Hoftheater, Zentrale Wirkungsstätte von Sängerinnen und Schauspielerinnen der Weimarer Klassik
5. **Windischenstraße 15:** Wohnung der Gräfin Julie von Egloffstein
6. **Historischer Friedhof, sog. Schauspielerfriedhof:** Euphrosyne-Denkmal für Christiane Becker-Neumann

Das Hoftheater 1798 bis 1825 nach dem Umbau durch N. F. Thouret, zeitgenössischer Stich

Musentempel im Tiefurter Park, errichtet im Jahr 1803

CAROLINE BARDUA (1781–1864)

WIE WIR DICH IN UNSERER MITTE
ÜBEN DEIN TALENT GESEHEN,
MÖGEST DU IM GLEICHEN
SCHRITTE
IMMER, IMMER VORWÄRTS
GEHEN! (1)

Dieser Stammbuchvers gilt Caroline Bardua, der angehenden jungen Malerin, die sich 1807 anschickt, Weimar zu verlassen, ihren Freundeskreis und vor allem Goethe. Sie ist dem Dichter mit ihrer Bitte um einen Abschiedsvers so ziemlich in letzter Minute gekommen, so daß er – ein wenig unwillig darüber, daß ihm keine Zeit bleibt, ein passenderes Wort zu finden – zur Feder greift. Für knapp zwei Jahre, von 1805 bis 1807, hat Caroline Bardua hier in Weimar, im **Jägerhaus in der Marienstraße 3**, eine Bleibe gefunden; der Abschied mag ihr schwergefallen sein.

Doch zurück zu den Anfängen ihrer Karriere, nach Ballenstedt, dem Residenzstädtchen am Fuße der östlichen Harzberge. Dort wird man schon früh auf ihre schöne Stimme aufmerksam. Gesangunterricht bringt erste Erfolge. Als Caroline am Hof vorsingen darf, findet sie den Beifall des Fürsten Alexius von Anhalt-Bernburg, der ihr anbietet, sie in Italien ausbilden zu lassen. Aber Caroline hat andere Pläne. Sie hat ihre Liebe zur Malkunst entdeckt, und da ihr auch darin Talent bescheinigt wird, übt sie sich fleißig, vor allem in der Porträtmalerei. Sie macht darin so große Fortschritte, daß Goethe, dem sie empfohlen wird, sein Interesse auf sie richtet. Er holt sie 1805 nach Weimar und bemerkt bald: *„Es fehlt ihr nicht an mannigfaltigem Talent, nur fragt es sich, ob sie von den Spazierfahrten des Dilettantismus, auf denen sie bisher wandelte, auf die Heerstraße der Kunst gelangen werde und ob sie dort als eifrige Pilgrim direkt nach dem großen Ziel fortschreiten mag."* (2) Goethe empfiehlt Caroline zum Malunterricht an Heinrich Meyer. Dort malt sie *„unsäglich fleißig"*, und so entstehen in den beiden Weimarer Jahren Bildnisse von fast allen Notablen der Stadt: jeder und jede wird gebeten, ihr zu sitzen. Mit dem Porträt des Reformpädagogen Johannes Daniel Falk, dem Porträt von Johanna Schopenhauer mit ihrer Tochter Adele, mit Darstellungen von Caroline Herder und Tochter, dem Bild von Christoph Martin Wieland und vielen anderen schmückt die Malerin die Wände der Weimarer ‚Guten Stuben'. Goethe, den sie zweimal konterfeit – einmal im zeitgenössischen Habit, ein anderes Mal im antiken Stil als römischer Imperator, einen roten Mantel über die Schulter geworfen –, sitzt ihr als erster. Beide Porträts, obwohl künstlerisch noch nicht ausgereift, werden von ihm wohlwollend aufgenommen. Es folgen Aufträge für Kopien bekannter Gemälde, die der jungen Künstlerin ihren ersten Gewinn einbringen. Gleich kistenweise schickt Caroline ihre Erstlingswerke zu den Eltern nach Ballenstedt, und diese sind stolz auf die Erfolge der Tochter. Caroline Bardua ist wegen ihrer liebenswürdigen Art in Weimar überall ein gern gesehener Gast, so auch in der Teegesellschaft Johanna Schopenhauers. Stets zu Scherzen aufgelegt, bleibt sie auch dann heiter, wenn sie selbst zur Zielscheibe der Spottlust wird. Als die Künstlerin im Jahre 1807, mit einem Empfehlungsschreiben Goethes in der Tasche, Weimar verläßt, um sich in Dresden unter Professor Franz Gerhard von Kügelgens Anleitung in der Kunst der Ölmalerei weiterzubilden, läßt man sie nur ungern ziehen. Caroline stürzt sich in Dresden in die Arbeit des Kopierens und Porträtierens. Sie macht in den nächsten Jahren erhebliche Fortschritte, bekommt Porträtaufträge und erhält die Erlaubnis, Bildnisse, die ihr Lehrer gemalt hat, und auch die angesehener Malerkollegen zu kopieren. 1810 stellt sie das Porträt Caspar David Friedrichs in Dresden aus, das *„sowohl im technischen Können wie im eindrucksvollen Erfassen der Persönlichkeit“* (3) ihre künstlerische Reife zeigt. Caroline Bardua ist inzwischen als Porträtistin gefragt und kann ihre Gemälde auch gut verkaufen. Sie ist eine der in dieser Zeit sehr seltenen Malerinnen, die ihren Lebensunterhalt gänzlich von ihrer Malkunst bestreiten können. Doch die Notwendigkeit der Existenzsicherung und der Vorsorge fürs Alter verbieten ihr einen Studienaufenthalt in München oder gar in Italien, wie ihn sich die meisten ihrer männlichen Kollegen leisten. Die Jahre zwischen 1813 und 1819 verbringt Caroline in Coswig, Halberstadt und Halle, wo zahlreiche Aufträge so guten Verdienst bringen, daß sie für sich und ihre 17 Jahre jüngere Schwester Wilhelmine *„ein hübsches Sümmchen ansparen kann, das in Aktien des Alexisbades angelegt wird“* (4). 1819, nach dem Tod des Vaters, brechen die zwei Schwestern nach Berlin auf, wo sie rasch Zugang zu den Häusern des einflußreichen Bildungsbürgertums gewinnen. Mit Rahel Varnhagen, die ganz in der Nähe wohnt, befreundet sich Caroline bald; ihre kleine Wohnung wird häufig zum Treffpunkt der Berliner Literaturszene um Friedrich de la Motte Fouqué, Franz Grillparzer und Adalbert von Chamisso. Ab 1820 stellt die Künstlerin regelmäßig aus. Im selben Jahr bekommt sie den ehrenvollen Auftrag, ein Familienporträt der Prinzessin Marianne von Preußen zu malen. In den dreißiger und vierziger Jahren gelingt es Caroline, auf Ausstellungen in der Berliner Akademie ihr künstlerisches Talent nachhaltig unter Beweis zu stellen, so daß ihr diese ab 1839 ein kleines Jahresgehalt gewährt. Von Berlin aus unternimmt sie immer wieder ausgedehnte Arbeitsreisen, und als sie 1828 noch einmal Goethe in Weimar besucht, bemerkt dieser mit Freude und Genugtuung, daß sich sein Wunsch, den er ihr 1807 ins Stammbuch schrieb, erfüllt hat: Caroline ist eine erfolgreiche Künstlerin geworden, die noch dazu von ihren Einnahmen leben kann. Die Schwestern Bardua kehren 1852 nach Ballenstedt zurück. Caroline genießt dort einen sorgenfreien Lebensabend und stirbt im Alter von 83 Jahren.

es

Abb. S. 66 Caroline Bardua, Druck nach Zeichnung, Anton Graff, undatiert

(1) Zitiert in: Paul Kühn, Die Frauen um Goethe, Leipzig 1911, S. 398
(2) Zitiert in: Margrit Bröhan, Die Malerin Caroline Bardua in Berlin, Berlin/Bonn 1984, S. 27
(3) Margrit Bröhan, a.a.O., S. 29
(4) Ebenda

CHRISTIANE BECKER-NEUMANN (1778–1797)

In einem Gespräch 1829 sagte Goethe zu Eckermann, er habe in den langen Jahren seiner Theaterpraxis nur eine einzige Schauspielerin gefunden, der das Höhere lebendig war und an deren Entwicklung man Freude haben konnte, gemeint war die „Euphrosyne" Christiane Becker-Neumann. Sie kommt 1784 mit der Bellomoschen Theatergruppe, der ihre Eltern angehören, nach Weimar und wohnt in der Luthergasse. Ihre Nachbarin ist Caroline Jagemann. Theaterblut in den Adern, in der Theaterluft aufgewachsen und vom Vater für den Theaterberuf bestimmt, steht Christiane hier bereits mit neun Jahren auf der Bühne und erregt durch Begabung lebhafte Aufmerksamkeit. Die Herzoginmutter Anna Amalia nimmt sich ihrer 1787 an und sorgt für weitere Förderung. So erhält die Schauspielerin und Sängerin Corona Schröter den Auftrag, das Mädchen geistig und künstlerisch auszubilden. Unter ihren Händen entwickelt sich Christiane bald zum Liebling des Theaterpublikums. 1790 wird das Theater zum **Hoftheater** ernannt. Um diese Zeit hatte sich Herzog Carl August zur Kündigung der Bellomoschen Theatergruppe entschlossen und Goethe beauftragt, nach Bellomos Weggang ein Jahr später die Oberleitung des neuen Theaters zu übernehmen. Dieser verwaltete das Amt bis 1817 und engagierte von dem alten Schauspielerensemble u. a. Christiane Neumann. Als erste große Rolle spielt Christiane den Prinzen Arthur in Shakespeares „König Johann". Gefeiert wird sie auch als Amalie in den „Räubern", Luise in „Kabale und Liebe", Klärchen im „Egmont", als Ophelia, als Emilia Galotti und Minna von Barnhelm. Die junge Schauspielerin, altersmäßig noch ein Kind, ist in den Jahren 1791 bis 1797 die meistbeschäftigte Künstlerin des Weimarer Theaters.
Wieland sagt von ihr, wenn sie nur einige Jahre so fortschritte, würde Deutschland nur eine Schauspielerin haben. Aber dazu kommt es leider nicht. Denn nach ihrer Heirat, erst fünfzehnjährig, mit dem Schauspieler Heinrich Becker, entbindet Christiane 1794 und 1796 zwei Töchter. Die anstrengende Theaterarbeit und die zu frühe Mutterschaft sind wohl die Gründe für „ein hitziges Brustfieber", von dem sich das junge Mädchen nicht zu erholen vermag. Sie begleitet trotz Fieber und Schwäche das Ensemble zu den Sommerspielen nach Bad Lauchstädt, von wo sie nach einem Blutsturz im August 1797 nach Weimar zurückkehrt. Aber es ist zu spät, auch die Kunst so berühmter Ärzte wie Hufeland und Starke kann keine Heilung mehr bringen. Christiane Becker-Neumann stirbt am 22. September. Ihr Grab befindet sich auf dem Jakobsfriedhof. – Zur Erinnerung an sie wurde um 1800 im Park an der Ilm das Euphrosyne-Denkmal aufgestellt, das 1950 auf dem Schauspielerfriedhof des Historischen Friedhofs seinen letzten Standort fand. rr

Abb. Christiane Becker-Neumann, Öl auf Leinwand (Ausschnitt), Corona Schröter, undatiert

JULIE Gräfin von EGLOFFSTEIN (1792–1869)

Als junge Frau ist Julie von Egloffstein seit dem Jahr 1816 als Bewohnerin des **Hauses Nummer 15 in der Windischengasse** anzutreffen, dem Weimarer Wohnsitz der Gräfinnen von Egloffstein. Schon als Mädchen hat sie Bewunderung erregt, wo immer sie auftauchte, und das bleibt auch so für die nächsten 20 Jahre. Ob in Berliner und Dresdner Künstlerkreisen oder an befreundeten Fürstenhöfen, überall wird Julie, die als äußerst talentiert, ja, *„genialisch"* gilt und dazu überaus schön ist, gehuldigt. Sie bewirkt, daß selbst königliche Hoheiten wie Victoria, die junge englische Königin, Ludwig I. von Bayern oder auch der russische Thronfolger auf sie aufmerksam werden. Berühmte Malerkollegen – in München ist es Peter Cornelius, in Dresden sind es Kersting und Rietschel – bescheinigen ihr Talent und ermutigen sie, auf ihrem Weg als Künstlerin weiter fortzuschreiten. Schon die jugendliche Gräfin von Egloffstein genießt Lob und Huldigung als etwas ihr wie selbstverständlich Zustehendes; sie ist zutiefst von ihrer Begabung überzeugt, und deren Ausbildung scheint ihr *„heilige Pflicht"* (1). Auch Goethe, den sie 1816 aufsucht und ihm Einblick in ihr Skizzenbuch gewährt, bewundert *„die reine Intension ihrer Arbeiten, die liebliche Anordnung, die zierlich nette Ausführung"* (2). Allerdings befürchtet er, daß es dem *„Frauenzimmerchen"*, wie er sie gern nennt, an Ausdauer und Zielstrebigkeit fehle. Er versucht gegenzusteuern, *„ihr Talent vor Verflachung zu schützen"* (3), indem er ihr Aufgaben stellt. So lockt Goethe die junge Künstlerin mit einer hübschen Geldsumme, wenn sie dazu bereit sei, dreißig Kopien von Everdings Landschaftsskizzen anzufertigen – in 60 Tagen – keinen Tag länger! (4)

In den kommenden Jahren sind Julie von Egloffstein und ihre Schwester Caroline regelmäßig Gäste in der geselligen Runde, die sich abends um Goethes Tisch versammelt. Beide bringen ihm rückhaltlose Bewunderung und Sympathie entgegen, und er genießt die kluge Aufmerksamkeit, mit der sie sich ihm widmen. Zum Dank ist er ihnen ein unterhaltsamer, heiterer Lehrer und ein geduldiger Freund.

Da es Julie von Egloffstein, wie sie selbst erkennt, an kontinuierlicher fachlicher Unterweisung fehlt, zieht sie schließlich in die Kunststadt Dresden. Mutter und Schwester Caroline, obschon nicht gerade reichlich mit Einkünften gesegnet, unterstützen sie in aufopferungsvoller Weise durch den Verkauf selbstgefertigter Handarbeiten und wertvollen Familienschmucks; Darlehen werden aufgenommen. In Dresden legt Julie sehr bald das Skizzenbuch zur Seite und beschäftigt sich mit der Kunst der Ölmalerei. Doch schon nach kurzer Zeit wird ihr das Kopieren der berühmten Werke alter Meister langweilig. Stattdessen versucht sie sich – inzwischen 1820 nach Rom weitergereist – am Genrebild, z. B. „Hirten in der römischen Campagna". Sie wird dabei von niemandem ernsthaft unterrichtet. Es folgen großformatige Porträts, so von Goethe im Jahr 1826 und wenig später von der Großherzogin Luise und ihrem Gemahl Carl August. 1835 porträtiert die Malerin die bayrische Königin sowie ihre Mutter, Henriette von Egloffstein. An Lob und Bewunderung aus dem Kreis der Freunde und Vertrauten wird auch diesmal nicht gespart: einige ihrer Bilder werden sogar ausgestellt.

Als Julie sich an die Darstellung eines literarischen Stoffes („Hagar und Ismael in der Wüste") wagt, erwirbt der russische Thronfolger das Gemälde und zahlt ihr dafür 1000 Scudi. Doch derartig vielversprechende Erfolge wiederholen sich nicht. Um ihr Auskommen zu sichern, sieht Julie sich 1826 schweren Herzens gezwungen, es Caroline gleichzutun und eine Stelle als Hofdame bei der Großherzogin Luise anzunehmen. Doch als sie feststellt, daß die unregelmäßige Dienstzeit und die unterschiedlichen Verpflichtungen (so z. B. als Reisebegleiterin der Großherzogin) nicht mit ihrer künstlerischen Tätigkeit zu vereinbaren sind, gibt sie 1829 entnervt auf und kündigt. Immerhin behält Julie nach Luises Tod eine Jahrespension von 400 Talern.

Allmählich erlischt das Interesse an Bildern der Malerin, und Julie gerät künstlerisch ‚aus der Mode'. Gute FreundInnen, Malerkollegen, so auch der Weimarer Friedrich Preller, den sie in Rom wiedertrifft, versuchen ihr mit sachlicher Kritik weiterzuhelfen; doch sie weist die Ratschläge gekränkt zurück. Das Urteil der Fachwelt klingt wenig ermutigend: Ihre Arbeiten, so heißt es, seien zwar geschickt ausgeführt, sie ließen jedoch wahre Qualität vermissen. Auch die Gestaltung ihrer Bildnisse im klassizistischen Stil, einer Malweise, die damals schon als überholt gilt, stößt zunehmend auf Kritik. Schließlich wird es still um Julie von Egloffstein. Aufträge bleiben aus. Auch zur Berufung in das Amt der Hofmalerin in Weimar, auf die ihre Mutter so sehr gehofft hatte, kommt es nicht. Ihr Freund Friedrich Preller bemerkt mit Sorge, daß ihre wechselnden Launen, ihr unstetes Fühlen und Denken sich ungünstig auf den Fortgang der Arbeiten auswirken, so daß sie vieles halbfertig zurückläßt, um sich Neuem zuzuwenden. Diese Unstetigkeit mag – neben ihrer angegriffenen Gesundheit – die Ursache dafür gewesen sein, daß ihr der große Erfolg versagt bleibt.

Gegen Ende ihres Lebens – da ist Julie bereits schwer krank – äußert sie einem Verwandten gegenüber, *„ihr ganzes Leben sei verfehlt gewesen und in der Kunst habe sie es nur zur Dilettantin gebracht".* (5)

Verarmt, von der Welt vergessen, stirbt die Künstlerin am 16. Januar 1869 in Marienrode. es

---

Abb. S. 69 Julie von Egloffstein, Lithographie (Ausschnitt), unbekannt, undatiert

(1) Effi Biedrzynski, Goethes Weimar, Das Lexikon der Personen und Schauplätze, Zürich 1993, S. 73
(2) Zitiert in: Effi Biedryzinski, a.a.O., S. 73
(3) Paul Kühn, Die Frauen um Goethe, Leipzig 1911, S. 500
(4) Vgl. ebenda, S. 501
(5) Effi Biedrzynski, a.a.O., S. 74

ANGELICA BELLONNATA FACIUS (1806–1887)

Zwei Jahre nach Goethes Tod, man schreibt das Jahr 1834, kehrt die damals 28jährige Bildhauerin Angelica Facius von Berlin in ihre Geburtsstadt Weimar zurück, und sie wird dem nachklassischen Residenzstädtchen in den kommenden Jahren beweisen, daß ihre langjährige Ausbildung in Berlin Früchte getragen hat. Auch an dieser so erfolgreichen Künstlerkarriere hatte Goethe, ihr väterlicher Freund und Förderer, einen bedeutsamen Anteil. Als Dokument dafür möge die Zahlungsanweisung *„für den Unterhalt der Demoiselle Angelica Facius zu Berlin auf das Jahr 1832"* (1) dienen, die er, nur wenige Tage vor seinem Tod, unterzeichnet hat, sowie ein Brief an den Berliner Bildhauer Rauch, Angelicas Lehrherrn. Darin erkundigt Goethe sich nach neuen Arbeiten der *„Künstlerin"*, eine ganz bewußte Ehrung und natürlich eine Verpflichtung zugleich! Angelicas Vater war ein geschickter Graveur und Steinschneider, der in jungen Jahren von Goethe, nachdem dieser seine Begabung erkannt hatte, nach Weimar geholt und gefördert wurde. Vom Vater bekommt das Mädchen, als dieser das ausgeprägte Kunsttalent und die Geschicklichkeit seiner Tochter bemerkt, ersten Unterricht im Zeichnen und Gravieren. Anschließend lernt sie, in der Ausbildung bei Baurat Steiner, die Grundbegriffe der Perspektive. Zur Freude ihrer beider Lehrer fertigt die hochbegabte Schülerin bereits mit 12 Jahren ihre erste Medaille an! Als diese auch Goethe gezeigt wird, erkennt er die Begabung des Mädchens und bittet die Malerin Louise Seidler, Angelica als Schülerin aufzunehmen. Um Talent und künstlerischen Sachverstand in ihrem Metier zu vertiefen, geht Angelica Facius 1827 nach Berlin, zu zwei damals weit über ihre Stadt hinaus bekannten Künstlern, dem Bildhauer Rauch und dem Stempelschneider König. Finanziert werden diese Lehrjahre vom Großherzog Carl August, der sich auf Goethes Bitte hin dazu bereiterklärt, fünf Jahre lang für ihren Lebensunterhalt aufzukommen. Auch aus der Ferne kann Angelica auf ihren Freund zählen: Weil er weiß, daß sie sich schwertut, in der Fremde Anschluß zu finden, kurz, daß sie jemanden braucht, der sich um sie kümmert, bittet Goethe seinen alten Freund Zelter in Berlin *„... das gute Kind manchmal bei sich seyn und des Glücks eines liebevollen Familienlebens genießen zu lassen."* (2). Der Bitte kommt Karl Friedrich Zelter getreulich nach; schließlich kann sie 1831 ganz bei ihm bleiben. Sie sei ihm mit der Zeit ans Herz gewachsen, teilt er Goethe mit; er nennt sie *„das geschickte, wundersame Mädchen"* (3).

Nach dem Tod ihres Vaters zieht Angelica Facius 1834 in das **Jägerhaus** in der **Marienstraße 3**, wo ihre alte Freundin Louise Seidler wohnt. Sie beweist in den folgenden 52 Jahren *„den sichersten Geschmack, der sich bei den Bildnisaufgaben mit dem sichersten Blick für den individuellen, den die Persönlichkeit rein bezeichnenden Zug"* (4) verbindet. So entstehen im Laufe der Jahre neben Büsten bedeutender Persönlichkeiten der Weimarer Gesellschaft, gestaltet in Mamor und Bronze, auch zahlreiche kunstvoll gestaltete Gemmen, in die mythologische Motive oder Figuren mit symbolhaftem Charakter eingeschnitten sind. Viele Verdienstmedaillen, Gravierungen, auf denen die Köpfe berühmter Männer abgebildet sind, zeugen vom Talent und vom Fleiß der Künstlerin. Als Schöpferin eines Carl-August-Gemäldes und eines Preller-Reliefs wird sie bekannt, und das Marmorrelief im Fries der Mitteltür des Goethezimmers ist ebenso ihr Werk wie das Grabmal der Louise Seidler auf dem Historischen Friedhof, das sie 1866 gestaltet, um ihre geliebte Freundin und Lehrerin zu ehren.

Im Jägerhaus stirbt sie, 81jährig, zeitlebens eine liebenswerte Hausgenossin all der Künstlerinnen und Künstler, die im selben Haus mit ihr gewohnt haben. es

Abb. S. 71 Jägerhaus an der Marienstraße um 1926, Foto (Ausschnitt)

(1) Zitiert in: Effi Biedrzynski, Goethes Weimar, Das Lexikon der Personen und Schauplätze, Zürich 1993, S. 83
(2) Zitiert ebenda, S. 83
(3) Zitiert ebenda, S. 83
(4) Ebenda, S. 84

CAROLINE JAGEMANN (1777–1848)

Eines der schönsten Renaissancehäuser in Weimar ist am **Herderplatz**, dem früheren Töpfermarkt, zu sehen. Es steht dort seit 1566 auf den Grundmauern des sogenannten **Deutschritterhauses**. Seit 1808 gehörte es zu den bekannten Häusern, die zum kulturellen Leben der Stadt wesentlich beitrugen. Es war Mittelpunkt des geselligen Lebens der adligen und bürgerlichen Schauspielerkreise. Herrin dieses Hauses von 1808 bis 1828 war die Schauspielerin und Sängerin Caroline Jagemann, eine der größten Künstlerinnen ihrer Zeit.

Die Tochter des bekannten Hofbibliothekars Christian J. Jagemann, aufgewachsen in der Luthergasse 3, erhält ihre Ausbildung 1791 bis 1797 bei Heinrich Beck und August Wilhelm Iffland am Mannheimer Hoftheater. Am 29. Januar 1797 teilt Goethe Schiller mit, er habe Caroline Jagemann *„für den hiesigen Hof und das Theater gewonnen, ... sie ist als Hofsängerin angenommen und wird in den Opern manchmal singen, wodurch denn unsere Bühne ein ganz neues Leben erhält."* (1)

Und in der Tat! Mit ihrer Rollenvielfalt, in der Oper vom lyrischen Koloratursopran bis zum dramatischen Mezzosopran, verhilft die Künstlerin dem Weimarer Hoftheater zu einer neuen Blüte.

Neben dem Theater gibt es um die Jahrhundertwende Konzerte und regelmäßige Redouten. Auch hier kann Demoiselle Jagemannn bewundert werden. Bis zu 18 Tanzabende finden im Winterhalbjahr statt. Im Sommer gibt die Künstlerin öffentliche Konzerte im Park. Bei diesen sogenannten „Vouxhalls", zu denen sich sonntagnachmittags zahlreiche WeimarerInnen einfinden, läßt man sich in Lauben und Rondells nieder. Hier spricht das Bildungsbürgertum über nichts anderes als über den Hof, das Theater und die neuesten Klatschgeschichten, denn jede kennt jede und jeder kennt jeden. So eine Skandalgeschichte war die Liaison der Jagemann mit Herzog Carl August, die wohl um 1799 begann und bis zum Tod des Landesfürsten 1828 dauerte. Im Gegensatz zu Corona Schröter gibt die Primadonna nämlich den Avancen seiner Durchlaucht nach und rückt ganz offiziell zur Mätresse und Nebenfrau auf. Eine Rollenbesetzung, auf die noch nicht einmal Goethe, Geheimrat und bester Freund Carl Augusts, Einfluß nehmen kann.

Im Jahre 1808 schenkt der Landesherr Carolinen das Renaissancehaus Ecke **Töpfermarkt / Vorwerksgasse**, nachdem bereits zwei Söhne geboren sind; eine Tochter wird noch hinzukommen. Ein Jahr später erhebt er sie in den Adelsstand und überschreibt ihr und ihren Nachkommen das bei Allstedt gelegene Rittergut Heygendorf. Fortan heißt die erste Frau des Weimarer Hoftheaters Caroline von Heygendorf und ihr Haus in Weimar das **Heygendorfsche Haus**.

Natürlich rümpft die Weimarer Gesellschaft moralisierend die Nase und flüstert hinter vorgehaltener Hand, daß der Herzog nun seinen Tag einteile zwischen Schloß und Carolines Haus.

Der Nachwelt überliefert sind auch die Fehden, die die Künstlerin vor allem gegen Goethe als Oberdirektor des Theaters geführt hat, der ihr und ihrem Verbündeten Karl Strohmeyer 1808 schließlich die Führung im Musiktheater überläßt. Neun Jahre später kommt es erneut zum Eklat, als die Jagemannschen Ansichten über Bühnenunterhaltung mit den Goetheschen kollidieren. Das Stück des Anstoßes heißt „Der Hund des Aubry". Darin soll auch ein Pudel auftreten. Gegen diesen Regieeinfall will sich Goethe strikt verwahren. Doch seine Widersacherin setzt ihren Kopf durch. Und Goethe, der schon mehrmals angesichts vieler Querelen die Leitung des Theaters abgeben wollte, tritt endgültig zurück.

Nach dem Tode Carl Augusts 1828 verläßt Frau von Heygendorf sofort Weimar und lebt abwechselnd in Berlin, Mannheim und Dresden. Zwischendurch kommt sie immer wieder zu Besuchen nach Weimar. Sie stirbt am 10. Juli 1848 in Dresden. Interessant sind die Memoiren der Caroline Jagemann für die Geschichte des klassischen Weimar. rr

---

Abb. S. 72 Caroline Jagemann, Lithographie, Fr. Hanfstengel nach J. Stieler, undatiert

(1) Briefwechsel zwischen Schiller und Goethe, Hrsg. Philipp Stein, Leipzig o.J., Bd. 2, S. 12

Literatur: Die Erinnerungen der Karoline Jagemann, Hrsg. Eduard von Bamberg, Dresden 1926

CORONA SCHRÖTER (1751–1802)

Ein Denkmal im Tiefurter Park und der Name eines Weges durch den Park an der Ilm erinnern in Weimar an die Schauspielerin und Sängerin Corona Schröter, die mit zu den interessantesten und geistreichsten Frauen der Goethezeit zählt. Corona Schröter, geboren am 14. Januar 1751 in Guben, kommt 1776 von Leipzig in die 6 000 Einwohner zählende Residenzstadt Weimar. Die Tochter einer Musikerfamilie fällt schon in früher Jugend durch ihre vielfältige künstlerische Begabung auf. So erhält sie bei dem Singspiel-Komponisten Adam Hiller in Leipzig eine für die damalige Zeit sehr gute Ausbildung und tritt schon bald als gefeierte Sängerin auf. Durch Goethes Empfehlung wird sie von der Herzoginmutter Anna Amalia am höfisch-bürgerlichen Liebhabertheater für 400 Taler im Jahr engagiert. Bereits acht Tage nach ihrer Ankunft gibt die Hof- und Kammersängerin im Wittumspalais ihr erstes Konzert. Von da an zählt ihr Erscheinen bei Redouten und Maskenzügen ebenso zu ihren Pflichten wie ihr Auftreten bei Anna Amalias Hausmusik, wo sie in Oratorien und großen Konzerten die wichtigsten Rollen singt und spielt.

Die *„schöne Schröterin"*, wie Wieland sie nennt, wohnt am **Markt 8** im **Schrickelschen Haus,** neben der 1567 eröffneten Hofapotheke – verehrt und umworben von Männern mit Rang und Namen. Ihretwegen kommt es sogar zu einer Krise im Verhältnis Goethes zu Herzog Carl August, denn beide begehren die schöne und anmutige Frau. Da diese aber keinem Manne, auch nicht ihrem langjährigen Freund, dem Kammerherrn Hildebrand von Einsiedel, die Hand fürs Leben reicht, heißt es, sie sei kühl. *„Marmorschön"*, aber *„mamorkalt"*, faßt Carl August sein Urteil über die Unnahbare zusammen. Die Weimarer Gesellschaft, gewöhnt sich an diese *„kalte Schröterin"*, die mehrere Sprachen beherrscht, Klavier und Laute spielt, kunstvoll auf dem Schwanseeteich im Baumgarten (heute Weimarhallenpark) Schlittschuh läuft und ebenso als gute Reiterin bekannt ist.

Mit Corona Schröter als Berufskünstlerin erlebt das Liebhabertheater in der kleinen Residenzstadt einen großen Aufschwung. Zu dieser Zeit gibt es in Weimar noch keine feste Bühne. 1774 war bei dem Schloßbrand auch die Spielstätte im Ostflügel vernichtet worden, deshalb spielte man in der freien Natur in den Parks von Tiefurt und Ettersburg, im Redoutenhaus an der Esplanade und ab 1780 im neuerbauten Komödienhaus gegenüber dem Wittumspalais.

Corona Schröter ist in führenden Rollen auf der Bühne zu bewundern. So ist sie am 6. April 1779 Goethes erste Iphigenie, mit ihm selbst als Orest. Drei Jahre später spielt sie mit Riesenerfolg die Titelrolle in Goethes „Die Fischerin" am Ufer der Ilm im Tiefurter Park. Die Lieder, die Corona hier singt, darunter den „Erlkönig", hat sie selbst komponiert.

Um 1783 wird es ruhig um die Künstlerin. Das Liebhabertheater wird aufgelöst, und die gefeierte

Schauspielerin und Sängerin nimmt Abschied von der Bühne. Sie gibt jungen Talenten wie Christiane Neumann Schauspielunterricht, vertont Gedichte von Goethe, Herder, Klopstock und anderen, ediert diese Kompositionen 1786 und 1794. Außerdem erweist sie sich als begabte Malerin und nimmt Mal- und Zeichenunterricht bei Adam Friedrich Oeser und Melchior Kraus.

Um 1800 zieht sie nach Ilmenau, wohl um ihr Brustleiden zu lindern. Trotz sorgfältiger Pflege verschlimmert sich die Krankheit. Am 23. August 1802 stirbt Corona Schröter, 51jährig, in den Armen ihrer treuen Freundin Minna Probst. rr

Abb. S. 74 Corona Schröter, Öl auf Leinwand (Ausschnitt), Selbstbildnis, um 1780

Literatur: Jutta Hecker, Corona, Das Leben der Schauspielerin Corona Schröter, Berlin 1976

LOUISE SEIDLER (1786–1866)

Weimar im Jahr 1824: Eine geräumige Kutsche rumpelt über das katzenkopfbucklige Pflaster der Marienstraße, hält schließlich vor dem mittleren Tor des **Jägerhauses** in der **Marienstraße**, einem langgestreckten Gebäude, das Herzog Ernst August 1732 für die Forstverwaltung erbauen ließ. Der Schlag wird geöffnet, und heraus steigt Louise Seidler, die Malerin, in Weimar inzwischen wohlbekannt, denn ihre Porträts zieren hier so manchen ‚Salon' des begüterten Bürgertums. Louise wird die Mansardenzimmer des Hauses beziehen. Diese kleine Wohnung hat ihr samt Atelier die großherzogliche Kammer zugewiesen, kostenfrei; dazu ein „Salär" von 100 Talern im Jahr, verbunden mit der Tätigkeit als Kustodin der großherzoglichen Gemäldesammlung der „Freyen Zeichenschule" im ersten Stockwerk. Sie hat nun eine bescheidene Grundlage für ihren Lebensunterhalt, so daß sie sich – und sogar mit Dienerin – dort oben behaglich einrichten kann (1). Und einmal mehr ist es Goethe gewesen, seit ihrer Jugendzeit ihr väterlicher Freund und Förderer, der sich am Fürstenhof für *„seine liebe Luise"* verwendet hat und ihr so den Weg in ein sorgenfreies beschauliches Künstlerinnendasein im Alter sichern hilft – keine Selbstverständlichkeit in der nachnapoleonischen Zeit der leeren Kassen an den Fürstenhöfen, und keine Selbstverständlichkeit für eine Frau in diesem Metier! Goethe ist es auch, der ihr die Arbeit als Zeichenlehrerin bei den Prinzessinnen Maria und Augusta, den Töchtern Maria Paulownas und Carl Friedrichs, vermittelt. Augusta, die spätere erste deutsche Kaiserin, bewahrt der Malerin ein treues Gedächtnis. Sie bringt sich auch in späteren Jahren noch durch kleine liebenswürdige Geschenke in Erinnerung, und nie vergißt sie, bei der „Seidlerin“ hereinzuschauen, wenn sie nach Weimar kommt. Die Freundschaft mit Goethe reicht bis in Louises frühe Kindheit zurück, denn – am 15. Mai 1786 in Jena geboren – wuchs sie sozusagen unter seinen Augen auf, da er im alten Schloß Quartier nahm, wenn er in Jena zu tun hatte. Und im Querflügel dieses Schlosses wohnten ihre Eltern; ihr Vater war der Universitätsstallmeister. In ihren „Lebenserinnerungen“ erzählt Louise die liebenswerte Episode von Goethe, der seinen kleinen siebenjährigen August gern mitnahm, wenn es nach Jena ging, und ihn bei schönem Wetter zu ihr in den Schloßhof schickte, damit sich beide zusammen vergnügten. Da kam es öfter mal vor, daß er vom Fenster seines Arbeitszimmers ihren Spielen zuschaute und manchmal ein Stück Zuckerwerk, sorgsam verschnürt, am Bindfaden zu ihnen hinunterpendeln ließ, das die Kleinen dann eifrig aufnaschten. Die Ehe von Louises Eltern gestaltete sich zunehmend schwieriger und belastete das Kind; deshalb nahm ihre Tante Dorette sich schließlich des Mädchens an. Sie kümmerte sich in den kommenden Jahren zielstrebig um Erziehung und Ausbildung der mittellosen Nichte und legte ihr nahe, danach zu streben, vielseitige Kenntnisse zu erwerben, um später einmal ein unabhängiges Leben führen zu können. So durfte Louise, als der Unterricht der Tante nicht mehr genügte, bei den tüchtigsten Lehrern lernen, und die Tante verwandte sich beim Vater des Mädchens dafür, daß es mit knapp 14 Jahren zur Ausbildung als Erzieherin in das Stiehlersche Institut nach Gotha kam.

Mit 17 Jahren nach Jena zurückgekehrt, fand Louise Zutritt zum Haus des Buchhändlers Frommann. Bei den überaus gebildeten geistvollen Eheleuten versammelten sich regelmäßig zur Teestunde die in Jena wirkenden Größen aus Kunst und Literatur. Dort traf Louise Seidler auch Goethe wieder, der, wie sie später schreibt, die versammelte Gesellschaft mit der Kunst seines Vortrags zu bezaubern wußte. Von Roux, dem Maler aus Jena, gelang es ihr, Lektionen im Kopieren zu erhalten – gegen Bezahlung. Dafür quälte sich Louise oft bis spät in die Nacht hinein mit feinen Handarbeiten, die sie jämmerlich bezahlt bekam.

Den Krieg und die Schrecken der Besetzung durch Napoleons Truppen mußte sie ertragen; eine Verlobung, die durch den Tod des Geliebten auf dem Schlachtfeld gelöst wurde, ließ sie fast schwermütig werden. Jedoch ermunterte eine Freundin Louise, mit zu ihr nach Dresden zu kommen. Beim Anblick der Gemälde in der berühmten Dresdner Galerie tat sich für Louise eine neue Welt auf: Sie beschloß, ihr Talent weiterzuentwickeln und nahm nun Malunterricht, unter anderen bei Franz Gerhard von Kügelgen. Im Winter 1811 verbrachte Louise einige Wochen in Goethes Haus am Frauenplan, und sie erhielt die Erlaubnis, Goethe zu porträtieren. Als Atelier diente das Urbino-Zimmer im Stadthaus. *„So schenkte mir Goethe"*, schrieb die Malerin später, *„täglich frühmorgens einige seiner kostbaren Stunden, während deren ich ihn in Pastell malte."* (2) Das gelang zu seiner Zufriedenheit, und Louise durfte es als ihr Eigentum behalten, *„damit es mir noch nützlich würde."* Von nun an wurde sie in Goethes engsten Freundeskreis aufgenommen, ja sie hatte – was nur wenigen gewährt wurde – Zutritt zu seinem Studierzimmer, wo er sie zuweilen ganz ungezwungen im weißwollenen Schlafrock empfing. Als Louise im Jahr 1816 Dresden endgültig den Rücken kehrte, bekam sie von Goethe den Auftrag, Heinrich Meyers Entwurf des Heiligen Rochus zum Schmuck der Rocher Kapelle in Öl auf Leinwand zu malen. Das Werk brachte ihr viel Lob ein; auch Großherzog Carl August wurde auf die talentierte Malerin aufmerksam. Er bewilligte ihr 400 Taler, damit sie in München für ein Jahr *„die Kunst studiere"*. Der Aufenthalt in der Kunstmetropole, die freundliche Aufnahme als Malerin *„unter Kunstjüngern"* beflügelten Louises Ehrgeiz. Doch obwohl sie der „Romantischen Schule" um Peter Cornelius, Heinrich Heß und den anderen Romantikern in München nahestand, blieb sie bei ihrer akademisch-klassizistischen Malweise.

Von München aus reiste Louise am 20. September 1818 – Goethe erwirkte vom Großherzog weitere 400 Taler – für ein Jahr nach Rom. Am Ende dieses erlebnis- und schaffensreichen Jahres sorgten ihre Freunde in Weimar dafür, daß Carl August ein weiteres Mal in die herzogliche Schatulle griff, und so wurden schließlich fünf Jahre Studium der Kunst in Italien daraus, die, wie sie bekannte, schönste Zeit ihres Lebens.

Im Jahre 1824 kehrt Louise endgültig nach Weimar zurück. Inzwischen ist sie längst eine auch über Weimar hinaus bekannte Porträtmalerin. Vor allem Darstellungen von Kindern und jungen Mädchen gelingen ihr, weil sie eher *„auszugleichen, abzurunden und liebenswürdig zu verklären"* (3) sind. Weniger vorteilhaft wirkt sich das auf die Gestaltung der Erwachsenenporträts aus. Deshalb tut man der Malerin Louise Seidler kein Unrecht, wenn man sie, kunsthistorisch betrachtet, zu den Künstlerinnen zählt, deren Werke *„nur eine, wenn auch beachtliche episodische Bedeutung zukommt."* (4)

Bleibende Bedeutung erlangte sie zweifellos auf dem Gebiet der Frauenemanzipation: selbstbewußt kämpfte Louise Seidler für die gesellschaftliche Anerkennung der Frauen, die sich für ein Leben als eigenständig arbeitende Künstlerin entschieden hatten. Louise Seidler kann ihre „Erinnerungen" nicht mehr selbst zu Papier bringen. Sie diktiert, in hohem Alter erblindet, ihrer Freundin in die Feder. Am 7. Oktober 1866 stirbt sie und wird auf dem Historischen Friedhof in Weimar beigesetzt. es

---

Abb. S. 75 Louise Seidler, Lithographie (Ausschnitt), Fritz Ries, 1846

(1) Vgl. Effi Biedrzynski, Goethes Weimar, Das Lexikon der Personen und Schauplätze, Zürich 1993, S. 415

(2) Erinnerungen der Malerin Louise Seidler, hrsg. v. Hermann Uhde, Weimar 1965, S. 75

(3) Erinnerungen der Malerin Louise Seidler, a.a.O., Nachwort, S. 290

(4) Ebenda, S. 290

4. Rundgang

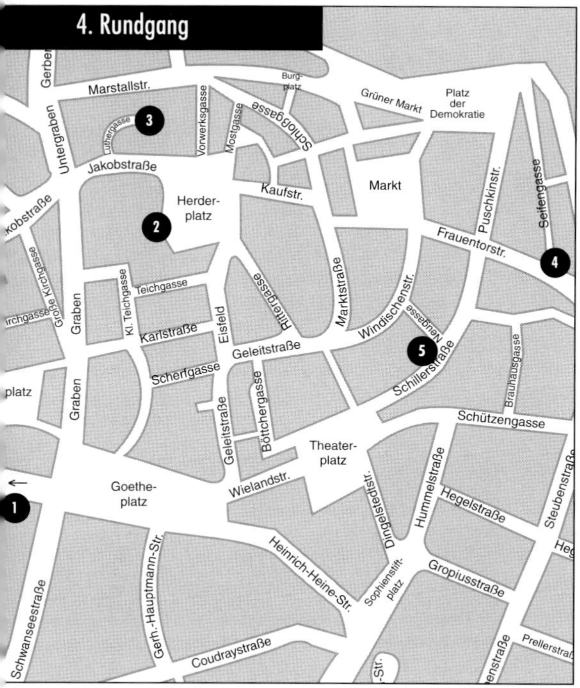

1. **Karl-Liebknecht-Str. 5-9, Bertuchhaus, (Stadtmuseum):** mit Wohnsitz von Caroline und Friedrich Justin Bertuch und mit der von Caroline geleiteten Blumenfabrik
2. **Herderplatz 8:** Wohnhaus von Caroline und Johann-Gottfried Herder
3. **Luthergasse 5:** Geburtshaus von Christiane Vulpius
4. **Goethe-Haus am Frauenplan:** Wohnsitz und Wirkungsstätte von Christiane und Ottilie von Goethe und von Caroline Riemer
5. **Schillerstraße 12:** Wohnhaus von Charlotte und Friedrich Schiller

Herders, jetzt Röhrs Haus, Aquatintaradierung,
Eduard Lobe, (undatiert)

Bertuchs „Haus am Baumgarten" um 1830.
Federzeichnung von Friedrich Neumann-Hegenberg,
nach Wilhelm Bode, Damals in Weimar, Leipzig 1923

Sophie Friederike Eleonore von Schardt, geb. von Bernstorff
Nachschnitt einer zeitgenössischen Silhouette, (unbekannt)

CAROLINE BERTUCH, geborene SLEVOIGT (1751–1810)

Über das Leben der Caroline Bertuch ist wenig bekannt. Es scheint dem Leben vieler Frauen im 18. Jahrhundert zu gleichen; sie stehen dem Haushalt vor und wirken mit ihren Fähigkeiten in erster Linie im Familien- und Bekanntenkreis. Caroline stammt aus Waldeck bei Bürgel im Thüringischen. Ihr Vater ist der dortige Förster. Ihren Mann, Friedrich Justin Bertuch, lernt Caroline während seines Studiums in Jena kennen. Er studiert Rechtswissenschaften und Theologie, interessiert sich aber für Literatur und Naturwissenschaften. Caroline wird von ihm heftig umworben und, wie dem einzigen von ihr erhaltenen Brief zu entnehmen ist, mit Brautgeschenken überhäuft. 1773 bedankt sie sich *„Mit bestem Knicks"* für ein Schmuckband, das er ihr übersandt hat, und nimmt es zum Beweis, *„das auch Herren einen guten Geschmack im Frauenzimmer Putz haben können"* (1).
Am 27. April 1776 heiraten Caroline und Friedrich Justin Bertuch. Sie beziehen eine kleine Wohnung am Erfurter Tor (heute Geleitstraße), in der Caroline gleich nach der Hochzeit die Pflege ihrer schwerkranken Mutter übernimmt, die sie nach Weimar mitgebracht hat. Ein Jahr später, 1777, bringt Caroline ihren Sohn Carl zur Welt, 1779 ihre Tochter Charlotte. Caroline Bertuch gehört, ähnlich wie Dorothea Wieland, von Anfang an zum Kreis des Klassischen Weimar, sie ist da, *„ohne daß die Zeitgenossen von ihr oder über sie reden"* (2). Weil sich Carolines Mann ärgert über die *„kleinen, schlecht gebauten Häuser und ängstlichen Gassen"* seiner *„häßlichen Vaterstadt"*, lassen sich die Bertuchs von 1780 bis 1782 am **„Fürstlichen Baumgarten"** ein stattliches Haus errichten (heute Stadtmuseum). In einem Brief an Theodor Körner 1787 beschreibt Friedrich Schiller das Bertuchsche Anwesen: *„... ohnstreitig in ganz Weimar das schönste Haus. Es ist mit Geschmack gebaut und recht vortrefflich möbiliert ... Nebenan ist ein Garten ... Die Bertuchs müssen in der Welt doch überall Glück haben"* (3). Glück hat Bertuch, *„Der Allerweltskerl von Weimar"*, vor allem mit seiner Frau. Einem Freund gesteht er, *„er könne Gott nicht genug danken, daß er ihn die habe finden lassen, die sein Leben ihm erst zum Leben gemacht, ihn in Noth und Leid getröstet und seinen leicht beweglichen Geist in gemäßigten Schranken gehalten habe"* (4).
Caroline ist es auch, die ihren Mann dazu anregt, 1782 im neuerbauten Haus eine Blumenfabrik zu eröffnen. Unter Carolines tatkräftiger Regie wird das Vorhaben innerhalb von fünf Jahren zu einem blühenden Unternehmen. Die Förderung durch die Fürstliche Kammer erfolgt vor allem aufgrund der besonderen sozialen Bedeutung, denn das Werk gibt einem Teil der *„leider unbeschäftigten Mädchen der mittleren Klasse"* (5), unter anderem Christiane Vulpius, Arbeit und gleichzeitig durch eine von Bertuch eingerichtete Lohnsparkasse gewisse soziale Sicherheit. Die ehrbaren Weimarer

Bürgerinnen und Bürger wittern etwas Amoralisches und sehen das hehre Frauenbild ‚Gattin und Mutter' bedroht. Wieland stellt diesem ‚Verdacht' jedoch einen freundlichen Reim gegenüber:

„DIE BLUMEN BLÜHEN NUR FIGÜRLICH!
SIE WURDEN UNTER BERTUCHS DACH
VON JUNGEN ZÜCHTIGEN BRIGITTEN
(GLEICH REIN AN FINGERN UND AN SITTEN)
AN EINEM LANGEN ARBEITSTISCH
AUS LEINEWAND UND ALTEM PLÜSCH
UND DÜNNEN TAFFETT AUSGESCHNITTEN." (6)

Das Bertuchsche Haus wird von 1800 bis 1802 nach Süden und um Seiten- und Hintergebäude erweitert. Es entsteht auf einer Länge von 90 Metern eines der schönsten klassizistischen Weimarer Bürgerhäuser. Nach und nach übernehmen die Bertuchschen Kinder Aufgaben in den Produktionsstätten. Caroline Bertuch stirbt am 14. Dezember 1810. Beigesetzt wird sie in der Familiengrabstätte am Westrand des damals zum Bertuchschen Anwesen gehörenden „Baumgartens", des heutigen Weimarhallenparkes. rr

---

Abb. S. 80 Bertuchs „Haus am Baumgarten" um 1830, Federzeichnung (Ausschnitt), Friedrich Neumann-Hegenberg, nach Wilhelm Bode, Damals in Weimar, Leipzig, 1923

(1) Zitiert in Effi Biedrzynski, Goethes Weimar, Das Lexikon der Personen und Schauplätze, Zürich 1993, S. 24
(2) Effi Biedrzynski, Goethes Weimar, a.a.O., S. 23
(3) Schillers Werke, 24. Bd., Schillers Briefe, Weimar 1989, S. 136
(4) Zitiert in Effi Biedrzynski, Goethes Weimar, a.a.O., S. 25
(5) Zitiert ebenda, S. 24
(6) Zitiert ebenda

Literatur: Paul Kaiser, Das Haus am Baumgarten, Teil 1, Weimarer Schriften des Stadtmuseums Weimar, Heft 32, 1980

CHRISTIANE von GOETHE, geborene VULPIUS (1765–1816)

Christiane Vulpius – das ist der Name einer Frauenpersönlichkeit, der stets nur im Zusammenhang mit einem, wenn nicht d e m ‚großen Mann' in der Weimarer Kulturgeschichte Erwähnung findet: mit Johann Wolfgang von Goethe. Ohne den Bezug zu diesem gäbe es wohl für die Heutigen keine Information über diese Frau, allenfalls als Schwester des Schriftstellers Christian August Vulpius. Christiane selbst machte schließlich Goethe – für 28 lange Jahre – zum Mittelpunkt ihres Lebens, nicht der wechselhaften dichterischen Sphäre der ‚Frauen u m Goethe' zugehörig, sondern die Alltagslast eines Lebens m i t ihm tragend. In dieser Position wenig verstanden, aber umso mehr beneidet, war sie insofern besonders angreifbar, als sie, zumindest in den Augen der gehobenen Weimarer Kulturszene, ‚niederer Herkunft' war (bei näherer Betrachtung der AhnInnengalerie übrigens nicht niederer als die Goethes) –. Die überwiegend negative Bewertung, die sie zu Lebzeiten in den tonangebenden Weimarer Kreisen erfuhr, hat das Bild von ihr bis heute geprägt. Um so mehr lohnt sich eine Erweiterung des Betrachtungshorizontes: zum einen durch die deutlichere Frage nach Christianes Persönlichkeit, zum zweiten durch die einmalige Möglichkeit, die sozialhistorischen Bedingungen näher

zu erkunden, unter denen Frauen ihres Standes in dieser Zeit lebten. (1)
Christiane Vulpius wird am 1. Juni 1765 in Weimar geboren. Ihr eigentlicher Taufname ist Christiana, mit dem sie auch später alle wichtigen Dokumente unterzeichnen wird. Ihre Vorfahren haben solide Berufe: mütterlicherseits sind es Handwerker und Handelsleute, väterlicherseits Pfarrer und Juristen. Dennoch befindet sich die Familie Vulpius wie viele andere Familien in ihrer Umgebung seit Jahrzehnten unverschuldet in einer wirtschaftlichen Dauerkrise; es gibt bei Hofe im unteren Verwaltungsbereich nicht genügend Arbeitsplätze, und die wenigen sind absolut unterbezahlt. Das kümmerliche Jahresgehalt, das Christianes Vater, studierter Jurist, nach 10jähriger Wartezeit schließlich als Copist bei Hofe bezieht, reicht nicht aus, um davon eine sechsköpfige Familie zu ernähren, so daß solange das private Vermögen zugesetzt werden muß, bis auch dieses verbraucht ist. Christiane ist erst sechs Jahre alt, als ihre Mutter stirbt. Die Bedingungen, unter denen sie in dem kleinen Haus in der **Luthergasse 5** aufwächst, sind alles andere als luxuriös. Christian August, ihr zwei Jahre älterer Bruder, besucht immerhin erfolgreich das Gymnasium, während die ihr vorgezeichnete Wirkungssphäre augenscheinlich in der Hauswirtschaft besteht; über einen Schulbesuch Christianes findet sich kein Beleg. Nach einer erneuten Heirat des Vaters gibt es alsbald mehrere jüngere Stiefgeschwister zu betreuen. Und nach der Entlassung des Vaters infolge eines ihm vorgeworfenen Amtsvergehens gerät die Familie in eine so verzweifelten Situation, daß Christiane, obwohl die Stiefmutter krank ist, zusätzlich noch arbeiten geht: als eine der ersten in der 1782 von Caroline Bertuch eingerichteten Stoffblumenfabrik. Diese war im Urteil der Weimarer BürgerInnen nicht nur eine ungewöhnliche, sondern anstoßerregende Einrichtung; kommerziell und sozial jedoch gereicht sie der Stadt zum Segen. Christanes Bruder Christian August absolviert inzwischen, finanziert aus Herzog Carl Augusts fürstlicher Schatulle, ein Jurastudium in Jena. Im Herbst 1784 erwerben beide Geschwister, ermöglicht durch ererbten Besitz, das Bürgerrecht. Im Frühjahr 1786 stirbt der Vater, und die Geschwister sind nun auf sich gestellt. Jetzt arbeiten beide: er nach Abschluß des Studiums als freier Schriftsteller, sie weiterhin in der Putzmacherinnenwerkstatt. Im Sommer 1788 findet Christianes entscheidende Begegnung mit Goethe statt, nachdem sie sich mit einer Bittschrift für den Bruder an den Geheimen Rat gewandt hat, der eben gerade aus Italien zurückgekehrt ist. Ob es tatsächlich am 12. Juli geschah und ob im Gartenhaus, ist wiederum nicht belegt; die beiden werden in späteren Jahren dieses Datum stets als ihren Hochzeitstag feiern. Der 38jährige Goethe hat von seiner Italienreise aus dem in den letzten Monaten eingegangenen (bezahlten) Liebesverhältnis mit der 24jährigen Römerin Faustina Antonini das Erlebnis einer sexuellen Erfüllung mitgebracht, das ihm Charlotte von Stein in den 10 Jahren ihrer geistig so reichen Beziehung offenbar nicht gewährte; auch ist aus dem eher angepaßten geheimen Rat wieder ein ungebärdiger Künstler geworden, mit neuen Ideen und wenig Neigung zu

bürgerlichen Tugenden. In dieser Verfassung lernt ihn Christiane kennen und er sie; ihm gefällt ihre heitere, natürliche Art, ihre Lebensreife und zugleich unverstellte weibliche Körperlichkeit, ihr gefällt der leidenschaftliche Mann und der Dichter mit den antibürgerlichen Tendenzen. Bis zum Frühjahr 1789 halten sie die Beziehung geheim – in Weimar sicher schon damals ein Kunststück. *„Sie müssen ein sinnenfrohes, in der Liebe mit Phantasie begabtes Paar gewesen sein"* (2), schreibt Sigrid Damm und verweist auf mehrere Rechnungen für Bettreparaturen aus dieser Zeit. Mit Charlotte von Stein bricht Goethe im Juni 1789, ohne daß diese von ihm über Christianes Schwangerschaft etwas mitgeteilt bekommt. Und Katharina Elisabetha Goethe, seine in Frankfurt lebende Mutter, die mit ihrem heiteren, unkomplizierten Wesen und ihrer Anspruchslosigkeit für sich selbst mancherlei Ähnlichkeit zeigt mit Christiane Vulpius, wird zu deren Leidwesen erst von der neuen Lebensbeziehung ihres „Hätschelhans" erfahren, als ihr Enkel, August von Goethe, schon vier Jahre alt ist. Doch in Weimar bekennt Goethe sich zu Christiane Vulpius und zu seiner Vaterschaft, was in seinem dortigen Lebensumfeld eine ungeheure Provokation bedeutet. Insbesondere die Damen bei Hofe sind empört; im Herbst 1789 muß er aus dem schönen Haus am Frauenplan in die Jägerhäuser in der Marienstraße umziehen, vor die Tore der Stadt. Die ‚wilde Ehe' wird von Seiten Goethes zunächst eher aus Trotz und Antikirchlichkeit denn aus Rücksicht auf die eigene gesellschaftliche Position weitergeführt; für Christiane, die nun mit ihrem am 25. Dezember geborenen Sohn und zugleich mit Tante und Schwester im Jägerhaus wohnt, ist diese Lebensform unter dem damaligen gnadenlos patriarchalen Recht ein gefährliches Risiko, das sie jedoch bewußt auf sich nimmt – für weitere 17 Jahre. Niemals klagt sie über die Nachteile. Die üble Nachrede nimmt zu, als die Familie ab 1792 endlich, von Goethe bei Hofe erstritten, im großen, komfortablen, später auch eigenen Haus, dem Haus am Frauenplan, wohnt. Der *„Mamsell Vulpius"*, *„Goethes Haushälterin"* oder dem *„Haus- und Bettschatz"*, wie sie von der sogenannten besseren Weimarer Gesellschaft gern herabsetzend genannt wird, wird das Leben mit Goethe, unbeeindruckt von ihrer enormen Lebensleistung, zeitlebens schwer gemacht. Dabei vollbringt sie, insbesondere in den Zeiten von Goethes häufiger Abwesenheit während des zweiten Jahrzehnts der Beziehung, wahre Wunder an Energie, Tatkraft und Geschick, um das riesige Hauswesen mit Landgut, Obst- und Gemüsegärten, wenngleich nicht immer sparsam, in Gang zu halten, die Dienstboten zu beaufsichtigen, sich um die Familie und eine ständig wachsende Zahl von Gästen zu kümmern. Sie sorgt noch aus der Ferne für Goethes leibliches Wohlergehen, wenn dieser wieder einmal, wie so oft, bei Schiller in Jena weilt und ihr schreibt, woran es ihm mangelt.

Bei aller zunehmenden Überforderung, auch Beeinträchtigung durch schwierige Geburten und Krankheiten, vor allem Nierenleiden und Bluthochdruck, bewahrt sie sich ihre Lebenslust und ergreift jede sich bietende Möglichkeit, um – gern mit dem inzwischen von Goethe geförderten Bruder – die Komödie zu besuchen, um zu feiern, zu tanzen und fröhlich zu sein. Sie hegt nicht nur eine besondere Leidenschaft für Champagner, sondern nimmt im Alter von 45 Jahren noch Tanzstunden. Ihr inniger Bezug zur Komödie, auch zu den dort arbeitenden Menschen, ist und bleibt eine Leidenschaft fürs Leben. Nach und nach arbeitet sie sich, neben Goethes langjährigem Finanzverwalter, auch in die Feinheiten des Finanzwesens hinein, so daß sie im dritten Jahrzehnt der Beziehung, als Goethe ihr im Oktober 1806 doch noch die Ehe anträgt, die neue Rolle als Hausherrin souverän und auch mit Stolz ergreift; ob die Heirat von Goethes Seite aus tatsächlich als Dank gemeint ist für Christianes mutige Verteidigung des Hauses in den Tagen der Besetzung und Plünderung Weimars durch die französische Armee oder ob sie Ausdruck seines Wunsches ist, unter der zu erwartenden Herrschaft Napoleons in möglichst sicheren, das heißt legalen Verhältnissen zu leben, läßt sich historisch nicht rekonstruieren, die Legende hält gern an der ersten Version fest. Eine weitere Sicht ergibt sich bei der Betrachtung von Goethes Verhalten nach der Heirat: Seit Christiane Frau Staatsminister von Goethe ist, durch Johanna Schopenhauer mit der bekannten Geste der Gastlichkeit offiziell in die Weimarer Salongesellschaft aufgenommen, dreht Goethe selbst dem Weimarer Leben auffällig häufig den Rücken, unternimmt lange Reisen, fährt zu Kuren, wendet sich neuen Werken – und jungen Frauen zu, wie z. B. im Jahr 1808 Silvie von Ziegesar und später Christianes junger Gesellschafterin Caroline Ulrich.

Viel ist geäußert worden über Christianes Vitalität und Frohnatur, weniger über die Schattenseiten ihres Lebens. In ihren Briefen äußert sie nur sehr verhalten, was sie auch erleidet: ihre Ängste, wenn Goethe auf Reisen ist, vor allem in den Kriegszeiten, ihr lebenslänglicher tiefer Schmerz um den Tod aller vier weiteren Kinder jeweils nur wenige Wochen oder Monate nach deren Geburt, ihre zunehmende Furcht, Goethe könne ihr, die nun nicht mehr die junge Geliebte ist, sondern eher eine abgearbeitete Hausfrau, eine jüngere, attraktivere Frau erotisch den Vorzug geben. Am wenigsten schreibt sie über ihre zunehmend bedrohlichen Erkrankungen, denn damit möchte ihr Gatte, der Krankheit, Alter und Tod fürchtet, am liebsten nichts zu tun haben. Doch während Goethe sich in neuer Kreativität, fern vom familiären und politischen Alltag noch einmal verjüngt, lassen bei Christiane die Lebenskräfte nach. Dennoch, auch in diesem letzten Lebensabschnitt gibt es für sie einige herausragend positive Ereignisse: 1807 besucht sie auf dringenden eigenen Wunsch ihre Schwiegermutter, die „Frau Rath Goethe" in Frankfurt und kommt dort in den Genuß einer weitaus größeren persönlichen Wertschätzung und gesellschaftlichen Anerkennung als jemals in Weimar (im Jahr 1808, nach dem Tod von Elisabetha Katharina Goethe wird sie in Abwesenheit von deren Sohn in Frankfurt mit großer Umsicht die gesamten Erbschaftsangelegenheiten regeln.) Und: seit 1811 hält sich Christiane in den Sommermonaten mehrfach, mal mit, mal ohne Goethe, in Karlsbad auf, genießt allerlei gräfliche „Badebekanntschaften", erfreut sich der Wertschätzung durch angesehene Persönlichkeiten wie Elisa von der Recke, lebt auf bei Bällen und Tanz. In Weimar allerdings kommt es im Herbst 1811 zu der vielzitierten Auseinandersetzung zwischen Christiane und der jungen Bettina Brentano – bei der letztere ihre Brille eingebüßt haben soll. Eine Affäre, die die ungerechtfertigten Vorurteile gegenüber Christiane festigt, auch wenn Goethe, wie übrigens stets in vergleichbaren Situationen, sich öffentlich schützend vor sie stellt und schließlich sogar mit Bettine bricht. Zu den Freundinnen, die sich durch das üble Geschwätz nicht beeindrucken lassen, gehören die Malerin Louise Seidler, die junge Kammersängerin Luise Knebel und die Schauspielerin Caroline Jagemann. Letztere kennt Christiane schon als Nachbarin aus Kindertagen und die Weimarer Doppelmoral aus eigener Anschauung, erst recht in ihrer Position als zur Frau von Heygendorf geadelte Mätresse des Herzogs. Die drei Frauen werden Christiane auch später in der Zeit ihres qualvollen Sterbens beistehen. Ab 1815 kommen auf Christiane über eineinhalb Jahre schwerster Krankheit zu. Die enormen Dauerbelastungen im Alltag, u. a. durch zahlreiche Einquartierungen in den Kriegsjahren 1813/14, die zunehmende Abwesenheit Goethes – er antwortet kaum noch auf ihre Briefe –, haben ihre Körper- und Seelenkräfte aufgezehrt. Ende 1814 erleidet sie den ersten von drei Schlaganfällen, erholt sich noch einmal, erkrankt erneut und verbringt die letzten Monate, bei wechselnder Betreuung, unter den entsetzlichsten Krämpfen und Schmerzen zu Hause. Goethe, der in dieser Zeit, fern von Weimar, zunächst das Liebesglück mit Marianne von Willemer und das Glück neuer Schaffenskraft erlebt, ist, zurückgekehrt ins Haus am Frauenplan, nicht im Stande, eine derartige Konfrontation mit Krankheit und Tod zu ertragen. Er meidet den Kontakt, zieht sich in seinen Wohnräumen erst in seine Arbeit, dann in eigene Krankheit zurück: Er kommt nicht zur Beerdigung und wird sich später auch nicht um den Verbleib des Grabes kümmern (während er für sich selbst von einer gemeinsamen Grabstätte mit seinem unsterblichen Dichterfreund Schiller träumt). Christiane stirbt am 6. Juni 1816, vermutlich an Nierenversagen, und wird auf dem Jakobsfriedhof bestattet. Zwei Jahre später wird der Friedhof geschlossen, die Gräber werden nach und nach eingeebnet. Ob sich die 1888 eingeweihte Erinnerungsstätte über dem ursprünglichen Grabplatz befindet, bleibt ungewiß. Gewiß aber ist, daß Christiane in ihrer Lebensleistung für den Dichter Goethe und als Frau in ihrer Zeit größte Anerkennung gebührt. um

---

Abb. S. 81 Christiane Vulpius mit Schultertuch (Ausschnitt), Bleistift, Feder mit Sepia, Zeichnung von Johann Wolfgang von Goethe, um 1788/89

(1) Vgl. Sigrid Damm, Christiane und Goethe, Eine Recherche, Frankfurt am Main 1998
(2) Sigrid Damm, Christiane und Goethe, Eine Recherche, a.a.O., S.118

Weitere Literatur: Wolfgang Vulpius, Christiane, Weimar 1949

OTTILIE von GOETHE, geborene Freiin von POGWISCH (1796–1872)

Ottilie zählt 13 Jahre, als sie mit Mutter und Schwester von Dessau nach Weimar übersiedelt. Die Familie wohnt vorerst bei der Großmutter, der Gräfin Louisa Eleonore Maximiliane Ottilie von Henkel-Donnersmarck, in der sogenannten Villeta, am Horn 4a.

Ottilies Mutter, Henriette von Pogwisch, widerfuhr, was ihrer Mutter etwa ein Jahrzehnt zuvor widerfahren war: der Mann, den sie liebte, verspielte mit finanziell törichten Transaktionen den altererbten Besitz. Henriette von Pogwisch trennte sich 1802 von ihrem Mann und folgte dem mütterlichen Beispiel; sie suchte Dienst an fremden Höfen. So kam sie mit ihren Töchtern an den Hof in Weimar, wo sie, eine Frau von Adel, 1811 nach jahrelangem Warten, Hofdame der Herzogin Luise wurde.

In der Villeta, gleich hinter dem Gartenhaus Goethes, mag es wohl geschehen sein, daß Ottilie ihrem künftigen Mann, August von Goethe, dem einzigen Sohn Christianes und Johann Wolfgang von Goethes, begegnet. August, von seinem Vater zum Kammerrat ernannt, ist in der Hauptsache Verwalter und Schriftführer des Hauses Goethe. Sein Ruf – das viele Trinken und die Liebesaffäre mit einer Soldatenfrau, die in der ganzen Stadt mit dem Verhältnis renommiert – schadet dem Geheimrat. Deshalb soll eine standesgemäße Heirat das Ansehen von August heben. Die entsprechend arrangierte Ehe zwischen Ottilie von Pogwisch und August von Goethe wird am 17. Juni 1817 geschlossen, nachdem am 6. Juni 1816 Christiane von Goethe gestorben ist. Nun ist es die lebensfrohe und intelligente Ottilie, die das große **Haus am Frauenplan** führt und dort auch ihre drei Kinder Walter, Wolfgang und Alma zur Welt bringt.

Auch Ottilies Schwester Ulrike zieht mit in das Haus, so wie Christiane einst ihre Stiefschwester mitgebracht hat.

In dem Salon, den die junge Frau in dem berühmten Haus selbständig führt, versammelt sie nicht nur einheimische FreundInnen um sich, sondern gewährt auch auswärtigen BesucherInnen einen herzlichen Empfang, vor allem den damals zahlreich in Weimar vertretenen Engländerinnen und Engländern. Die Gastgeberin versteht es, mit ihrem Besuch fröhliche Landpartien, Schlitten- und Schlittschuhfahrten zu veranstalten. Leseabende tragen dazu bei, z. B. über Politik, Theologie und ethische Fragen zu debattieren. Ottilies Salon gehört in dieser Zeit zum Mittelpunkt des Weimarer Kulturgeschehens. Zu Goethe hat Ottilie zunächst ein gutes Verhältnis, wenngleich diesem ihr sprunghaftes chaotisches Wesen nicht gefällt. Anfangs ist der Geheimrat noch angetan von der jungen, munteren, witzig-geistreichen Schwiegertochter, denn sie nimmt Anteil an seinem Schaffen, kümmert sich um seinen Besuch und läßt in den engeren Kreis nur Gäste hinein, die er sehen und sprechen möchte; auch hat Ottilie Freude am Theater sowie am Betrachten seiner Bilder und Sammlungen. Doch bald beginnt der Schwiegervater zu befürchten, daß die Frau seines Sohnes in der Gefahr steht, jeden Maßstab zu verlieren, ebenso Takt und Geschmack. Er wird denen beipflichten, die Ottilie als *„liebenswürdig, unerträglich, verrückt, geistreich“* (Johanna Schopenhauer), aber auch *„originell, melancholisch und komisch zugleich, dabei voller Verstand und scharfer Ecken“* (Julie von Egloffstein) schildern.

Im Jahre 1829 entsteht im Kreise von Ottilie eine unterhaltende literarische Zeitschrift mit dem Namen „Chaos“. Sie erhält ihren Titel angesichts des bunten Durcheinanders der verschiedenen Beiträge und der zahlreichen VerfasserInnen. Ottilie übernimmt die Redaktion des Blattes, das bis 1832 zu Anfang wöchentlich, später in unregelmäßigen Abständen erscheint. Vor allem Johann Peter Eckermann und ihre beste Freundin, Adele Schopenhauer, liefern ihr dazu Beiträge. Beide stehen ihr auch in den zahlreichen Bedrängnissen ihres späteren Lebens bei.

1830 stirbt Ottilies Mann, August von Goethe, an einem Schlaganfall. Sie hat sich durch die Ehe schon lange eingeengt gefühlt und empfindet den Tod ihres Mannes als Befreiung. Nun endlich ungebunden, will sie fort von Weimar. Sie beginnt, ein unstetes Leben zu führen. Die Engländerin Anna Jameson begleitet und umsorgt Ottilie, die 1832 nach dem Tod Goethes, von Ort zu Ort jagt: von Weimar nach Berlin, nach Dresden, Leipzig, Frankfurt. In dieser Zeit knüpft sie eine Reihe von Liebesbeziehungen und Freundschaften, besonders zu Engländern und Iren. 1835 bringt sie in Wien eine zweite Tochter zur Welt. Diese heißt zunächst nach ihrem Vater, Captain Story, Anna Story, wird aber dann – bis in die heutige Zeit – für die Tochter von Charles Sterling gehalten. Ottilie hat bis 1866 ihren Hauptwohnsitz in Wien. Sie unternimmt weiterhin zahlreiche Fahrten nach Thüringen, Schlesien, Böhmen, wohnt vorübergehend auch in Rom, Venedig, Florenz, Genua und anderen Städten. Geld hat Ottilie von Goethe selten, ihr Schwiegervater hat ihr in seinem Testament von 1831 den freien Zugriff auf Besitz und Vermögen wohlweislich verwehrt.

1844 stirbt mit 17 Jahren Ottilies Tochter Alma an Typhus. Sie wird in Wien unweit von Ottilies illegitimer Tochter Anna von Pogwisch begraben (Erst vierzig Jahre später werden Almas sterbliche Überreste nach Weimar überführt und im Goetheschen Grab neben den Brüdern und der Mutter auf dem Historischen Friedhof beigesetzt). Ottilie erhält nach Almas Tod deren Erbanteil, 70 000 Reichstaler, die aber in wenigen Jahren vertan sind.

Im Jahre 1866 kehrt sie verarmt und erschöpft von Wien nach Weimar zurück, wo sie ab 1870 in der Mansarde im Haus am Frauenplan wohnt. Zwei Jahre später, am 26. Oktober 1872, stirbt Ottilie von Goethe dort an Herzschwäche. Sie wird auf dem neuen Friedhof (heute: Historischer Friedhof) bestattet.

rr

Abb. S. 86 Ottilie von Goethe, Pastell (Ausschnitt), Louise Seidler, undatiert

CAROLINE HERDER, geborene FLACHSLAND (1750–1809)

„Ich heirate nur meine große Liebe – Meine Ehe soll ganz anders werden als die Ehen, die ich kenne." Das war Carolines häufiger Ausspruch im Zirkel der „Empfindsamen", in dem sie mit Johann Heinrich Merck, Johann Wolfgang Goethe und Cornelia Goethe und anderen Gleichgesinnten in Darmstadt eine überschwengliche, höchst sentimental gestimmte Jugend verlebte.

Caroline wird am 28. Januar 1750 in Reichenweiler im Elsaß als fünftes Kind eines Amts- und Kirchenschaffners geboren. Als sie 16 Jahre ist, sterben die Eltern. Von da an lebt sie als Waise bei ihrer Schwester und deren Mann in Darmstadt, bei der Familie Hesse.

Als Caroline Flachsland am 17. August 1770 in der Schloßkirche zu Darmstadt Johann Gottfried Herder zum ersten Mal begegnet, ist sie 20 Jahre alt. Schüchtern ist Caroline nicht. Nein, vor allem weiß sie, wie sie auf keinen Fall leben will, nämlich nicht wie ihre Schwester und deren Mann. Johann Gottfried Herder ist da ganz anders, er predigt faszinierend, offen und ist durchdrungen von dem Gedankengut der Aufklärung. An der Seite dieses Mannes könnte sie sich als Frau ein sinnvolles Leben vorstellen. Noch am gleichen Tag spricht sie Herder nach dem Kirchgang an. Caroline geht den ersten Schritt, nicht ahnend, daß sie später mit Herdern immer den ersten Schritt tun muß, um etwas in Gang zu setzen. Beide fühlen sich zueinander hingezogen. Für beide beginnt eine Liebe – vorerst in Form eines Briefwechsels. In den drei Jahren ihres Getrenntlebens sind 1000 Seiten Briefe geschrieben worden. Ein Briefroman entsteht.

Am 2. Mai 1773 schließlich heiraten Caroline und Johann Gottfried Herder in Darmstadt. Johann Wolfgang Goethe ist ihr Gast. Auch er hatte um Caroline geworben. Das Gedicht „Fels-Weihegesang" schenkt er ihr als Beweis seiner Zuneigung. Caroline und Johann Gottfried Herder sind beide unvermögend, mehr noch, Herder hat in Bückeburg, wo er als Prediger angestellt war, Schulden zu begleichen. Nach der Hochzeit leben beide in Bückeburg. Dort werden 1774 und 1776 die ersten zwei Söhne geboren.

Durch Goethes Fürsprache wird Herder als Superintendent des Herzogtums Sachsen-Weimar-Eisenach an die Kirche St. Peter und Paul in Weimar berufen. So siedelt die Familie am 1. Oktober 1776 in die kleine Residenzstadt über.

Ihr Wohnhaus steht unmittelbar hinter der Kirche, die Wohnung erstreckt sich über zwei Etagen. Ein stattlicher Obst- und Gemüsegarten gehört dazu. Herzliche Freundschaft verbindet die Herders mit der Herzogin Luise, sie kennen einander von Darmstadt her. Herder wird ihr seelsorgerischer Berater. Der dritte Sohn der Eheleute Herder wird 1778 in Weimar geboren. Caroline hat jetzt für fünf Personen hauszuhalten. Abends lernt sie Griechisch, um mit der Seelenfreundin ihres Mannes, Sophie von Schardt, mithalten zu können. Ihr Mann ist heftig in Sophie verliebt und bindet seine Frau wie selbstverständlich in diese Beziehung mit ein. Tapfer fügt sich Caroline in diese Dreierbeziehung, sie hat keine andere Wahl.

Der vierte Sohn wird 1779 geboren, zwei Jahre später kommt endlich eine Tochter zur Welt. Im Jahre 1783 ist Caroline wieder schwanger, sie entbindet ihr sechstes Kind, wieder einen Jungen. Um diese Zeit sind die zwischenzeitlich belasteten Beziehungen ihres Mannes zu Goethe wieder besser geworden. Wöchentlich trifft man sich nun bei Goethe, um einander die neuesten Arbeiten vorzulesen. Im Mittelpunkt steht dabei Herders Werk „Ideen zur Philosophie der Geschichte der Menschheit". Caroline hat diese Zusammenkünfte in die Wege geleitet, sie will an die Bindungen der Jugendzeit wieder anknüpfen.

Was Caroline von ihrer Ehe nicht erwartet hat, sind die immerwährenden Geldsorgen. Besonders schlimm wird es, als die Söhne eine Ausbildung beginnen. Caroline schreibt an den Herzog Carl August und bittet um Stipendien für die Söhne. Ein Sorgenkind ist August, Goethes Patenkind, er lebt weit über seine Verhältnisse. Die Eltern müssen seine Schulden bezahlen.

Carolines Mann tritt am 6. August 1790 eine Italienreise an. Ein weiteres Mal entsteht ein reger Briefwechsel zwischen beiden Eheleuten. Das Getrenntsein bringt Caroline und Johann Gottfried Herder wieder sehr viel näher zusammen. In der Ferne erkennt Herder die überaus sorgende Rolle seiner Frau für ihn und die Kinder. *„... Ich bitte Dich um nichts als um Licht, Liebe und Leben"* (1), schreibt er ihr aus Italien. Nach seiner Rückkehr wird Caroline noch einmal Mutter, der Sohn Rinaldo kommt am 21. August 1790 zur Welt.

Geldsorgen belasten weiterhin den Alltag der Herders. Caroline kämpft um das Fortkommen ihrer sieben Kinder und bittet um Geld bei der Herzogin Luise. Ihr Mann wird gegenüber Goethe und Schiller immer verbitterter, oft auch ungerecht. Trotzdem hält Caroline bedingungslos in jeder Situation zu ihm.

Am 8. Mai 1798 feiern Caroline und Johann Gottfried ihre Silberhochzeit. Alle Kinder sind um die Eltern versammelt. Die vier älteren Söhne sind in der Ausbildung, die Tochter Luise ist wieder im Elternhaus, nachdem sie ein Jahr in Gotha im Erziehungsinstitut der Madame Stieler verbringen durfte. Sie spürt die Opferrolle, die sie zur Aufrechterhaltung des familiären Gleichgewichts spielt. Was die Mutter durchgesetzt hat: den eigenen Lebensentwurf zu verwirklichen, gelingt der Tochter nicht. – Mit 28 Jahren heiratet Luise den 14 Jahre älteren Witwer Dr. Carl Wilhelm Constantin Stichling. Caroline lebt in dieser Zeit ruhig, sie will die große Liebe ihres Lebens keinesfalls aufs Spiel setzen. Als im Jahre 1801 Johann Gottfried Herder krank und übellaunig wird, pflegt Caroline ihren Mann und erträgt, ohne zu klagen, seine Launen. Sie ahnt, daß eine lange Leidenszeit bevorsteht. Schiller sagt in dieser Zeit: *„Caroline Herder ist eine der wenigen Frauen in der Weimarer Gesellschaft, der kein Verhältnis nachgesagt werden könne, obwohl sich interessante Männer um sie bemühten"* (2).

Am 18. Dezember 1803 stirbt Herder und wird in seiner Kirche beigesetzt. In seinem letzten Lebensjahr war ihm, vermittelt durch die Fürsprache Goethes, noch der Adelstitel verliehen worden. Caroline bleibt mit Luise und Rinaldo allein im Haus zurück. Die Herausgabe der Gesammelten Werke durch den Verleger Cotta fordert nun ihre ganze Kraft. Caroline sammelt Briefe, trägt Mitteilungen zusammen, um eine Biographie über ihren Mann zu schreiben. Im Juli 1804 verläßt Frau Herder Weimar und geht nach Schneeberg im Erzgebirge zu ihrem Sohn August. Drei Jahre später kommt sie wieder nach Weimar, wo sie Rechnungs- und Zahlungstermine ordnet und die große Bibliothek ihres Mannes versteigert. Von dem Geld, 4000 Taler, kann Caroline die Schulden der Söhne bezahlen. 400 Taler bleiben ihr zum Leben. Für die Erziehung des jüngsten Sohnes Rinaldo will Herzog Carl August sorgen. So regelt Caroline ihre familiären und finanziellen Sorgen.
Sie stirbt am 15. September 1809 gichtkrank, an einem Schlaganfall. Caroline wird auf dem Jakobsfriedhof im Stichlingschen Erbbegräbnis bestattet. Bei der Umgestaltung des Jakobsfriedhofes in der Mitte des 19. Jahrhunderts wurde dieses Stichlingsche Erbbegräbnis auf den Historischen Friedhof umgebettet. cs

Abb. S. 88 Caroline Herder, Kreidezeichnung, Adam Weide, um 1803

(1) Norgard Kohlhagen, Siegfried Sunner, Eine Liebe in Weimar, Stuttgart 1994, S. 169
(2) Ebenda, S. 207

LUISE von KNEBEL, geborene RUDORF (1777–1852)

Geboren wird Luise 1777 in Landsberg/Warthe. Im Jahre 1791 kommt sie 14jährig mit ihrer Mutter nach dem Tod des Vaters nach Weimar. Er war Rittmeister vom Preußischen Bellingschen Husarenregiment. Luise wird an der Schule des berühmten Franz Bender als Sopransängerin ausgebildet. Ihre Begabung und ihr graziles Äußeres machen es Kapellmeister Wolf in Weimar leicht, sie als Sängerin am Komödienhaus anzustellen. Aus verschiedenen Gründen endet jedoch schon bald Luises Laufbahn; wie es heißt, fehle es ihr auf Grund ihres Alters an Berufserfahrung.
Eifersüchteleien der Caroline Jagemann lassen sie die Laufbahn einer Sängerin am Weimarer Theater aufgeben. Die Herzoginmutter Anna Amalia will jedoch Luise an den Hof binden, sie mag das junge, musisch begabte Mädchen. So bewegt sich Luise nun als Vocalistin und Gesellschafterin Anna Amalias in höfischen Kreisen. Leider hat dies für das „Rudelchen", wie sie allgemein liebevoll genannt wird, auch fatale Folgen. Sie beginnt mit dem regierenden Herzog Carl August ein Liebesverhältnis – und sie wird schwanger: Die Herzoginmutter steht trotz der prekären Situation voll und ganz zu Luise. Ein Ausweg bahnt sich an, als Ludwig von Knebel anbietet, Luise zu heiraten. Das höfische Weimar ist jedoch entsetzt, denn der Prinzenerzie-

her und Schriftsteller ist 33 Jahre älter als Luise und außerdem als eingefleischter Junggeselle mit eigenwilligen Allüren behaftet. Ludwig von Knebel meint jedoch, seinem Herzog diesen Ritterdienst erweisen zu müssen. Als Luise aus Templin zurückkehrt, wo sie am 18. Januar 1796 einen Sohn zur Welt gebracht hat, trägt der nun schon 52 Jahre alte Mann der 19jährigen die Ehe an, verbunden mit der Adoption des kleinen Sohnes Carl Wilhelm. Weimar ist bestürzt, vor allem Ludwig von Knebels Schwester Henriette; sie bricht auf Jahre die verwandtschaftlichen Beziehungen zu ihrem Bruder ab.

Die Ehe wird am 9. Februar 1798 in Ilmenau geschlossen, wo das Paar zunächst auch seinen Wohnsitz nimmt. Daß es keine glückliche Ehe wird, hat sich die junge Frau schon gedacht, daß es sich aber so schlimm entwickelt, hat sie nicht zu alpträumen gewagt.

Ihr Mann ist jähzornig und pedantisch. Luise fühlt sich als Bühnenkünstlerin und nicht als Hausfrau. Die Verhältnisse in Ilmenau werden so unerträglich, daß sie häufiger aus dem Haus und aus Ilmenau flieht. Zuflucht findet Luise bei Anna Amalia und bei den Herders. Caroline und Johann Gottfried richten die junge Frau immer wieder auf und sprechen ihr Mut zu. Das bewirkt, daß sich Luise nach einigem Abstand von den unliebsamen Zwistigkeiten doch stets zurück nach Ilmenau begibt. Erst eine Übersiedelung nach Jena im Jahr 1804 bringt die ersehnte positive Wende für das Ehepaar Knebel. In Jena wohnt es sich großzügiger, die im „Paradies“ gelegene Wohnung ist geräumiger. Beide haben ihren eigenen Lebensbereich. Luise hat Hunde, Katzen und Vögel in ihrem Zimmer, dazu einen stets reich gedeckten Tisch. In ihrem Zimmer herrscht ein buntes Durcheinander, während die Räume ihres Mannes von pedantischer Ordnung zeugen. Das gemeinsame Interesse der Eheleute an Geselligkeit bringt eine wechselnde Zahl von Gästen ins Haus. Diese fühlen sich wohl bei Luise von Knebel, trotz der chaotischen Verhältnisse oder vielleicht gerade deshalb. Vielleicht auch, weil Luise eine gute und charmante Gastgeberin ist. Darüberhinaus singt sie immer noch gern und bringt der Gesellschaft vertonte Goethegedichte zu Gehör. Geheimrat Goethe selbst kommt häufig zu Besuch, wenn er in Jena weilt; er ist ein gern gesehener Hausfreund der Knebels.

Im Laufe der Zeit lernen die Eheleute miteinander zu leben, sie tolerieren einander. Als 1813 ihr gemeinsamer Sohn Bernhard geboren wird, haben sie die schweren Jahre der Anpassung hinter sich. Außenstehende erleben die Ehe der Knebels jetzt als harmonisch. Luise verbringt mit Ludwig von Knebel schließlich 32 Ehejahre. Sie stirbt 1852 in Jena im Alter von 75 Jahren. cs

---

Abb. S. 90 Luise von Knebel, Öl auf Holz, unbekannt, undatiert

CAROLINE RIEMER, geborene ULRICH (1790–1855)

Caroline Ulrich wird am 14. März 1790 in Rudolstadt geboren. Frühzeitig ist sie Waise. Bei ihrem Großvater, dem hochangesehenen Physikus und Besitzer der Hofapotheke in Weimar, Wilhelm Bucholz, wächst das Mädchen auf. Als Kind ist Caroline schon häufig ein gern gesehener Gast der Familie Goethe am Frauenplan. Sie leistet frühzeitig der Hausfrau, der Frau Geheimrätin Goethe, Gesellschaft; sie schreibt ihre Briefe, wenn Goethe außer Haus weilt, geht mit Christiane zu Tanz- und Maskenbällen, begleitet sie auf Landpartien und zu den Bade- und Vergnügungskuren nach Lauchstädt, Karlsbad und nach Berka. 1809 zieht Caroline vollends in das Haus am Frauenplan und nimmt die Stelle einer Gesellschafterin ein. Auch Goethe bindet die schöne „Uline" in seine Arbeiten mit ein, sie avanciert zeitweise zur Canzlistin. Nach Diktat erledigt die Gesellschafterin die Goethesche Korrespondenz und wird mehr und mehr der ‚gute Geist des Hauses'. Caroline ist eine außergewöhnliche Schönheit, sie ist klug und umsichtig, auch weiß sie sich einzufügen. Goethe schenkt ihr als Zeichen seiner Zuneigung und als Dankeschön für ihre zuverlässigen Schreibdienste einen wertvollen Ring.

1814 (1) heiratet Caroline 24jährig Friedrich Wilhelm Riemer, der ebenfalls langjähriger Hausgenosse bei Goethe ist; erst als Hauslehrer für August Goethe, dann als Mitarbeiter des Geheimrates. Riemer ist 16 Jahre älter als Caroline. Christiane von Goethe richtet die Hochzeit aus, Caroline und ihr Mann ziehen in das Haus Wielandplatz 3. Er nimmt eine Berufung als Gymnasiallehrer an das hiesige Gymnasium an und im gleichen Jahr 1814 eine Stelle in der herzoglichen Bibliothek. Carolines Arbeit für und bei Goethe geht unterdessen weiter. 1817 wird der Sohn Bruno geboren, er wächst als Spielgefährte mit den Enkelkindern Goethes auf.

Caroline Riemer stirbt am 16. Mai 1855 in Weimar. Ihre Grabstätte befindet sich auf dem Historischen Friedhof in Weimar.

cs

Abb. S. 92 Caroline Riemer, Miniaturbild (Ausschnitt), Karl Josef Rabe, um 1810

(1) Vgl. Effi Biedrzynski, Das Lexikon der Personen und Schauplätze, Zürich 1993, S. 329/30

CHARLOTTE von SCHILLER, geborene von LENGEFELD (1766–1826)

Am 22. November 1766 wird Charlotte von Lengefeld im thüringischen Rudolstadt geboren. Der Vater steht dem Forstwesen des kleinen Landes vor, er stirbt bereits 1775. Die Mutter, Louise von Lengefeld, sieht ihre Lebensaufgabe darin, die zwei Töchter alleine standesgemäß zu erziehen und zu verheiraten. Caroline und Charlotte, sind ungleiche Schwestern. Die ältere, Caroline, ist feurig, unruhig, geistvoll, eine schwärmerische Natur. Charlotte hingegen ist ruhig und ausgeglichen, naturverbunden, fügsam, also eine Tochter, die ihrer Mutter keine Sorgen bereitet.

Die Bekanntschaft mit Friedrich Schiller macht die Familie von Lengefeld in Begleitung von dessen Jugendfreund Wilhelm von Wolzogen am Ende des Jahres 1787. Schiller ist gefesselt vom liebenswürdigen, heiteren Wesen der beiden Schwestern. Sie sind außerdem gebildet und belesen. Es folgen Briefe und Besuche von Weimar nach Rudolstadt, wobei Friedrich Schiller immer an beide Schwestern schreibt. 1788 verbringen Charlotte und Caroline einen ganzen Sommer mit Schiller in Rudolstadt; er wohnt außerhalb, in Volkstedt. Man lebt zu dritt. Charlotte hegt für Schiller Bewunderung und Freundschaft, aber keine leidenschaftliche Liebe – anders als ihre Schwester Caroline. Als der Freund im Herbst des Jahres in Volkstedt erkrankt, kümmern sich beide rührend um ihn. Erst zwei Jahre später macht er Charlotte einen Heiratsantrag. Die Zeit bis zu ihrer Hochzeit empfindet sie als trübe und kummervoll. Die Erkenntnis wächst in ihr, daß Friedrich Schiller zwar ihr Ehemann wird, aber weder er noch Caroline gewillt sind, aus dem Dreiecksverhältnis auszutreten.

1789 zieht Schiller von Weimar nach Jena, er wird Professor für Geschichte.

Charlotte von Lengefelds Trauung mit Friedrich Schiller findet am 22. Februar 1790 in der kleinen Kirche in Wenigenjena (heute ein Teil von Jena-Ost) statt. Lediglich vier Personen sind anwesend: das Brautpaar, Caroline und ihre Mutter. Um Kosten zu sparen, wird die Feier so schlicht wie möglich gehalten. In Jena ziehen die Frischvermählten in eine bescheidene Wohnung. Nicht nur die engen, um nicht zu sagen ärmlichen Verhältnisse, in denen beide leben, machen der jungen Frau Sorgen; vor allem fürchtet sie um die Gesundheit ihres Mannes. Ein dänischer Besucher, Herr Baggesen, äußert sich zu den Verhältnissen der Eheleute in Jena: *„… er sagt nie seiner Frau was Liebes – sein Ton mit ihr ist trocken, hart, kalt, gleichgültig, verdrießlich – im Schreiben aber ist er ganz anders, in allen Briefen ist Geist und Herz."* (1)

Anfang Januar 1791 wird Friedrich Schiller sehr krank. Zur Erholung fahren beide im Mai nach Rudolstadt, aber dort erleidet Schiller wiederum schwere Erstickungs- und Fieberanfälle. Von da an lebt er *„immer am Tod entlang"* (2). Er kann kaum noch arbeiten, seine Vorlesungen in Jena müssen abgesagt werden, auch spitzt sich die Geldknappheit zu. Unerwartete Hilfe kommt aus Kopenhagen; ein Freundeskreis um Baggesen stiftet für Schillers Gesundung drei Jahre lang 1000 Taler. Er kann zur Kur nach Böhmen fahren.

Im Sommer reisen Charlotte und Friedrich Schiller nach Schwaben, um seine Eltern zu besuchen. Dort kommt am 14. September 1793 Charlottes erstes Kind, ein Junge, zur Welt. Ihre Schwester Caroline ist während der Geburt dabei. Im Mai 1794 sind die Schillers wieder in Jena und beziehen eine größere Wohnung. Friedrich Schillers Gesundheit ist nun soweit wieder hergestellt, daß er tageweise arbeiten kann.

1796 wird der zweite Sohn in Jena geboren, ihm folgt 1799 das dritte Kind der Familie Schiller, ein Mädchen. Nach dieser Entbindung erkrankt Charlotte an einem Nervenfieber. Sie schwebt tagelang zwischen Leben und Tod. Es gelingt der Mutter und der Taufpatin Charlotte von Stein, sie wieder gesund zu pflegen. Am Ende dieses Jahres zieht die Familie nach Weimar in die Windischengasse 8, in die vormals von Charlotte von Kalb genutzte Wohnung. Das Haus an der **Esplanade,** heute **Schillerstraße Nr. 12,** erwirbt die Familie drei Jahre später. Dort wird 1804 ihr viertes und letztes Kind, Emilie, geboren.

Charlottes Beständigkeit, ihr freundliches Wesen, ihre Ausgeglichenheit, ermöglichen Friedrich Schiller trotz schwerer Krankheit, seine Werke zu schaffen. Sie paßt sich der Krankheit ihres Mannes an, hält alles Unangenehme von ihm fern. Der Tagesablauf wird auf seine Nachtarbeit eingestellt. Schiller schreibt bis 3 Uhr früh und beginnt den Tag erst ab Mittag. Bis zu seinem Tod am 9. Mai 1805 ist Charlotte aufopferungsvoll bis zur Selbstaufgabe an seiner Seite. Trost findet sie in der Kirche. Die Pflege und Erziehung ihrer vier Kinder nimmt sie voll in Anspruch, Hilfe hat sie durch ihre Schwester Caroline. Nach Schillers Tod macht sie es sich zur Hauptaufgabe, seinen literarischen Nachlaß zu ordnen.

Charlotte wohnt noch knapp 21 Jahre in Weimar, dann zieht sie mit ihrer Tochter Emilie nach Köln zu ihrem Sohn Ernst. Ein zunehmendes Augenleiden macht eine Operation in Bonn erforderlich. Sie überlebt diese nicht und stirbt am 9. Juli 1826 in Bonn. Hier befindet sich auch ihr Grab. cs

---

Abb. S. 93 Charlotte von Schiller, Öl auf Holz, Bertha Froriep, undatiert

(1) Peter Lahnstein, Schillers Leben – Biographie, München 1990, S. 295
(2) Ebenda, S. 290

Verzeichnis der Straßen und Plätze, die nach Frauenpersönlichkeiten im Umfeld der Weimarer Klassik benannt sind:

Amalienstraße
1876 nach Herzogin Anna Amalia (1739–1807)

Bettina-von-Arnim-Straße
1946 benannnt nach der Schriftstellerin Bettina von Arnim (1785–1859), die im Jahr 1807 Weimar besuchte.

Corona-Schröter-Weg
1946 benannt nach der Schauspielerin, Sängerin, Komponistin und Malerin Corona Schröter (1751–1802).

Schopenhauerstraße
1946 benannt nach der Schriftstellerin Johanna Schopenhauer (1766–1838)

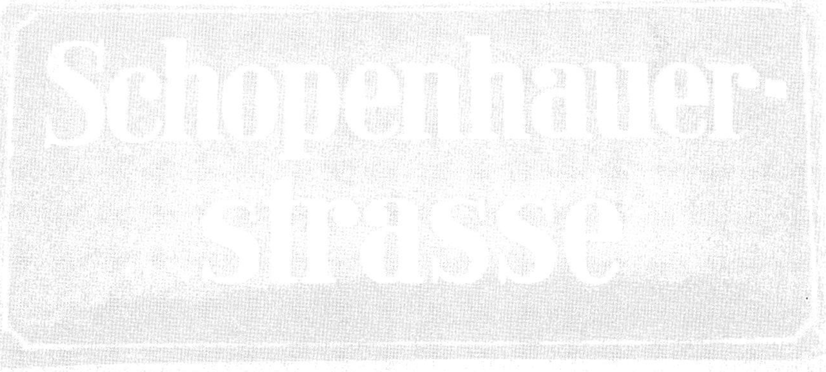

VERWENDETE LITERATUR (Auswahl)

Barth, Ilse-Marie: Literarisches Weimar. Kultur-Literatur-Sozialstruktur im 16. bis 20. Jahrhundert, Stuttgart 1971.

Biedrzynski, Effi: Goethes Weimar. Das Lexikon der Personen und Schauplätze, Zürich 1993.

Bubenick-Bauer, Iris u. a. (Hrsg.): Frauen in der Aufklärung, Frankfurt 1995.

Bürger, Christa: Leben Schreiben. Die Klassik, Die Romantik und der Ort der Frauen, Stuttgart 1990.

Günther, Gitta, W. Huschke und W. Steiner (Hrsg.): Weimar. Lexikon zur Stadtgeschichte, Weimar 1993.

Hoock-Demarle, Marie-Claire: Die Frauen der Goethezeit, München 1990.

Kaminiarz, Irina und H. Lucke: Goethes Weimar, Hamburg 1991.

Kühnlenz, Fritz: Weimarer Porträts. Männer und Frauen um Goethe und Schiller, Rudolstadt 1961.

Kühnlenz, Fritz: Weimarer Porträts. Neue Folge, Rudolstadt 1965.

Olivier, Antje, Weingarten-Perschel, Karin: Komponistinnen von A–Z, Düsseldorf 1989.

Pleticha, Heinrich (Hrsg.): Das klassische Weimar. Texte und Zeugnisse, München 1983.

Raabe, Paul: Spaziergänge durch Goethes Weimar, Zürich 1990.

Ranft, Gertrud: Historische Grabstätten aus Weimars klassischer Zeit. Weimarer Schriften des Stadtmuseums Weimar, Heft 35, 1979.

Sello, Gottfried (Hrsg.): Malerinnen aus vier Jahrhunderten, Hamburg 1984.

Wagner, Rainer: Weimar. Straßen-, Platz- und Flurnamen damals und heute, Jena 1996.

REGISTER DER FRAUENPERSÖNLICHKEITEN (Auswahl)

BILDNACHWEIS

Stiftung Weimarer Klassik

Goethe- und Schiller Archiv:
24/25, 26, 33, 46, 72

Herzogin Anna Amalia Bibliothek:
II, 5, 17, 18, 66, 85

Goethe-Nationalmuseum:
16/17, 21, 23, 25, 26, 27, 29, 31, 32, 32/33, 36, 42, 43, 50, 53, 54, 55, 56, 64/65, 68, 69, 74, 75, 78, 78/79, 81, 83, 89

Großkochberg: 90

unbekannter Besitz und Standort: 88

Stadtmuseum Weimar:
71, 79, 80

Archiv der Kulturinitiative WEIMAR WEIBLICH:
Titelbild, 6, 34, 65, 93

DANKSAGUNG

An dieser Stelle danken die Frauen der Kulturinitiative WEIMAR WEIBLICH:

– der Landeszentrale für politische Bildung Thüringen und Eva Müller für die finanzielle Förderung und kreative Zusammenarbeit
– dem Unabhängigen Frauenverband (UFV), Regionalbüro Weimar und Bundesbüro Berlin, für die finanzielle Förderung
– den Mitarbeiterinnen der Fotothek der Stiftung Weimarer Klassik für die Unterstützung bei der Bereitstellung der Fotodokumente
– Katharina Hertel für die engagierte Gestaltung des Heftes
– Johanna Ragwitz für die aufwendige Schreibarbeit

AUTORINNEN

Unter den Artikeln ist der Name der jeweiligen Autorin mit einem Kürzel vermerkt:

Renate Ragwitz	rr
Ulrike Müller	um
Eva Schwarzenberger	es
Christa Schleevoigt	cs

Die Deutsche Bibliothek – CIP-Einheitsaufnahme

Frauenpersönlichkeiten der Weimarer Klassik : *der Umgang hier scheint mir sehr angenehm und gar nicht kostspielig* / hrsg. von Ulrike Müller in Zusammenarbeit mit der Landeszentrale für Politische Bildung Thüringen. [Beitr. von Renate Ragwitz ...]. 2., verb. Aufl. – Weimar : VDG 1998

(Stadtrundgänge Weimar weiblich ; Heft 1)

ISBN 3-89739-064-7